U0049361

【要旨總說】

# 廣海明月

道次第廣論講記淺析 增訂版

第一卷

宗喀巴大師／造論
日常老和尚／講述
真如／淺析

# 出版緣起

　　綜觀古今中外，無論貧富貴賤，生老病死是所有人都難以迴避的問題，唯有佛陀找到解決這些痛苦的良藥，而遠離了所有的痛苦、成就圓滿的快樂。佛在成道後三轉法輪，將離苦得樂的方法宣說出來，使任何有緣依之而行的凡夫，皆可獲得圓滿的佛果。

　　其中二轉法輪在靈鷲山宣說了《般若經》，《般若經》直接闡述的是萬法的真相——甚深空性的道理，間接也詮說了現觀道次第。彌勒菩薩造《現觀莊嚴論》，開闡《般若經》中現觀道次第之內涵。西藏智者之頂嚴宗喀巴大師，以《現觀莊嚴論》為基，並依印度大成就者阿底峽尊者所造《菩提道炬論》中三士道之內涵，而著作了《菩提道次第廣論》（以下簡稱《廣論》）。此論統攝一切佛語扼要，囊括從凡夫到成佛所須修學的一切內涵，次第井然、易於受持，是想究竟離苦得樂的人

往趣佛地的最佳指南。自十五世紀至今，《廣論》教授盛弘於西藏、四川、青海、蒙古等地。二十世紀初，漢地法尊法師入藏求法，始將《廣論》譯為漢文。

　　<sup>上</sup>日<sup>下</sup>常老和尚（1929 － 2004）一生親近各宗派諸多大德耆宿，博通三藏，持戒精嚴，以其精湛之學修詳審觀察，深見《廣論》教授之殊勝，遂發願弘揚。1988 年，首於台灣台中圓滿講述，共 160 卷錄音帶。老和尚之講述深入淺出，廣引經論、祖師言教，並以善巧譬喻，引導學習者建立生命崇高的目標，並依所學內涵對照自己的身心，進而淨化、提升，在離苦得樂的路上步步前行。

　　2004 年日常老和尚圓寂，將帶領福智團體僧俗學修之重任，託付給心子——真如老師。真如老師十四年

來戰兢惕勵、竭盡身心，承繼老和尚之心願，帶領僧俗弟子虔誠學法，推展廣大弘法利生之事業，成果斐然。如今全球學習《廣論》之學法者已逾十萬人，遍及亞洲諸多國家，乃至美洲、歐洲、大洋洲等，獲益的眾生難以數計。

真如老師更自 2018 年 4 月起，每週兩次，親自帶著所有僧俗弟子對老和尚開示之《廣論》再作詳細、深入的學習。每一講開示，老師可謂用心良苦，不但字斟句酌地引導弟子契入老和尚開示之內義，並且廣引《廣論四家合註》、五大論等諸大經論為依據，更結合日日生活的方方面面，清楚指出實踐的下手處。

此系列開示發行以來，引發廣大回響，在諸方殷重祈請下，真如老師親自核對，由弟子們將開示輯錄成

冊，名為《廣海明月》。以此供養具恩師長、諸佛菩薩，及期盼以清淨法語璀璨生命的共學法者。迴向聖教昌弘、善士久住，一切如母有情速趣解脫之道，共臻佛地。

大慈恩譯經基金會 謹識

# 編輯凡例

一、本書引用之《菩提道次第廣論》原文，根據福智之聲出版社之《菩提道次第廣論》第三版（宗喀巴大師造，法尊法師譯，台北：福智之聲出版社，2015）。

二、本書引用之日常老和尚講記原文，根據圓音有聲出版股份有限公司 2016 版《菩提道次第廣論手抄稿　南普陀版》冊 1（簡稱舊版）。

三、本書所引《菩提道次第廣論四家合註白話校註集》、《四家合註入門》原文與箋註、《菩提道次第廣論》原文以及其他經典，皆採金色楷體；日常老和尚講記原文採金色仿宋體；真如老師淺析文字以黑色新細明體呈現。

四、《廣海明月》是真如老師在 2018 年 4 月起，依循著日常老和尚的講記，結合《廣論四家合註》及五大論等諸大經論，深入淺析《菩提道次第廣論》之開示。由弟子們錄音、整理文稿，各講次均按順序編號，並標記各段落音檔之時間點，便於讀者對應查閱。

五、每一講次前皆附上該講次音檔 QR code，以利讀者掃描至大慈恩譯經基金會（https://www.amrtf.org）之〈廣海明月〉課程網頁，學習每一講開示。

六、各講次雖為真如老師於不同時間、地點所錄製而成，然內容實為相互連貫。

七、本書所列之講次章節和標題，為編輯所加入，希望幫助讀者了解講次內容脈絡，深入學習。

# 目次

# 廣海明月

——道次第廣論講記淺析

第一卷

新一輪學習，
再次與師父相遇

線上音檔掃描

# 講次 0001

## 提起歡喜心深入道次第

　　大家好！非常開心，第一輪的全廣在所有同學的努力下結束了。我想參加第二輪的全廣，所以自己對研討有一個深深的期待就是：希望不管我們身在何處，到了研討的時刻，我們此刻就都在專心致志地學習《廣論》。這樣的時刻，希望成為我們生命中最最美好的回憶，也是我們隔著千萬里能夠相聚的一個難得的時光，所以我是很開心、很開心的！0'51"

　　—

　　我想像著，大家在不同的國家，你們是坐在沙發上嗎？坐在椅子上嗎？你們還是在哪裡呢？你們是聚上一小組、一小組的，當然還有的研討班是隔著國家，他們是每個國家一兩個、一兩個人這樣的一個研討班，都非常非常

音檔　　舊版 1A　00:00～02:34
手抄頁／行　舊版 1 冊　P3-L1～P4-L2（2015 年版）
　　　　　　舊版 1 冊　P3-L1～P3-LL1（2016 年版）

地不容易。無論如何，我們將開始第二輪了，所以我是非常非常開心地參與這個學習，希望我們能夠共同進步。1'22"

那麼一開始就是，今天先聽一小段師父的開示：1'29"

南無本師釋迦牟尼佛（三稱）

無上甚深微妙法，百千萬劫難遭遇，我今見聞得受持，願解如來真實義。

今天我們開始修習《菩提道次第廣論》，這是宗喀巴大師所造的。那麼平常我們前面先要提一個重點，通常我們稱為「玄義」，也就是把我們所要學的這個內容，它主要的綱領、特質，簡單地、扼要地把這個重點說明。不過，對我們現在在座的大部分同修來說，是初機，剛剛進入佛門，所以用平常正規的這種狀態來說的話，大家不一定能夠體會到、領會到它的深入的正確的意義。結果呢，花了很多的時間，而得到很小的受益，這個其次。進一步，因為他不了解，剛開始聽了這個不

懂的東西，沒有興趣，把他的這個熱忱會減少，這是一種損失。4'06"

聽這一小段，大家聽到師父帶我們念「南無本師釋迦牟尼佛」的時候，學過《三十五佛懺》的同學都知道，一聲南無釋迦牟尼佛能消萬劫的罪障。那麼剛才是我們隨著師父念了三句「南無本師釋迦牟尼佛」，所以這一刻的時光對你我來說非常地珍貴，因為我們專心地持誦，可以消萬劫的業障。4'41"

然後下面「無上甚深微妙法」，剛開始學的時候，因為師父的講說，所以我們會覺得《菩提道次第》還是滿親切的，但是它確實是無上、甚深、又微妙的法，又多麼地難遇呢？「百千萬劫難遭遇」，這個遇到難遇妙法的時光，和我們難得人身的這樣的一個時間，學過第一輪《廣論》的同學都知道「盲龜遇浮木」這個譬喻，實際上得到人身是很難的、遇到教法是很難的。得到了人身、遇到了教法，又能生起信心還是非常難的。有了信心，又能夠在聞法上——「我今」，現在，「見聞」，然後能夠在心裡邊「受持」。所以我們所有的人一起來發心，非常非常地

希願能夠得到佛陀真實的意趣。5'44"

　　師父在這裡邊說：《菩提道次第廣論》是宗喀巴大師造的。然後下面說：如果用一個綱領式、特質式、扼要式地把重點說明——說「玄義」，其實一般的初機還不太理解。剛進佛門，用這種方式大家不一定能夠體會到。講到這一點的時候，師父加大了一個用語，說：「不一定能夠體會到、領會到它深入的正確的意義。」注意喔！深入的正確的意義，這句話其實對我們的人生有著很大的醒覺作用吧！比如說，我們做哪一件事是對我們的生命有著極其深遠、深入，而又極其正確的意義呢？那麼聞法算不算一個呢？6'40"

　　然後師父非常非常擔心，我們花了很多時間，卻得到很小的受益，因為我們沒有體會到，因為我們是初機。談到這一點，可能一些同學說：「我們不是初機了，我們學了一輪了。」可能還有的同學說學了好幾輪了。那學了好幾輪之後，你的心有沒有隨著一輪又一輪，變得越來越輕巧呢？當我們在這個人世間，遇到種種境界的磨折的時候，自己有沒有越會飛翔？在面對很多困境的時候，會不

會保持正念、保持陽光的這樣一個心態？7'29"

　　如果學了好幾輪之後，發現自己有的時候還是心意沉沉，那麼這一輪的學習就很期待我們能再度地注入正法的強大力量，因為我們在一起學。當你覺得感覺麻木，或者注意力不集中，或者你沒有心力，我一直會在這邊提醒你、提醒你，我們一起來學。所以不要花了很多時間，卻得到很少的受益。師父很擔心我們這樣子，所以師父要採用一個下面的講法，他會在下一段講。8'10"

　　師父說：「這是其次」，進一步師父又幫我們想了。師父說：如果花了很多時間，得到了很小的受益，又沒有體會到、領會到它深入的正確的意義的話，剛開始聽了不懂的東西，沒有興趣，把他的這個熱忱就會減少。聽了一個不懂的東西就沒有熱忱，沒有熱忱的話，師父後面一句話，注意喔！後面那句話，記得！說：「這是一種損失！」是一種什麼損失啊？就是我們開始聽佛法的時候沒有聽懂，沒有聽懂的時候產生不了熱忱，有一類人會這樣。但是我也看到還有一類人，他聽不懂他更想聽。當然也有一類人，費了好大力氣聽不懂，他就放棄了。8'58"

　　大家看一看，師父想把這麼美妙的一本無上甚深微妙的法給我們講的時候，他抱持著一個非常非常小心的心，小心地呵護著我們。那些由於慧力不夠啊，由於經驗不足等等產生的不理解，甚至對正法沒有熱忱，師父非常擔心我們錯過這個跟《菩提道次第廣論》，或者說跟教法相遇的時光。所以可以想見，他在給我們講這本論的時候，曾經經歷了多少？多少次站在我們的角度上去考慮，我們學這本論的難點是什麼？那麼他在講的時候，盡量避開我們容易產生困難的那些方式。也可以說，把每一個弟子看得像他的掌上明珠一般，因為進了《廣論》課堂之後，最好能夠了解、深入地了解它正確的意義。9'59"

　　所以讀到這一小段的時候我是很感動的，因為師父非常擔心我們由於聽了不懂、沒有熱忱、沒有興趣，對正法的這個熱忱的興趣減少之後，我們錯失了生命最殊勝的一段因緣。師父說：「這是一種損失！」很顯然他絕對不希望這種損失發生，如果發生了，他不希望繼續。所以一開頭，師父的悲心就躍然紙上，清晰地傳到你我的耳中。要知道師父為了把這部《廣論》講到你我的心中，他曾經用了多大的心血，用了多少在經驗上的摸索，他珍惜地愛護

著每一個能夠聽到《廣論》的同學,特別擔心大家沒有興趣。10'56"

那麼重點出現了!這一輪的學習,就希望我們能夠提起很強的一個歡喜心。當然說,歡喜心這件事如果沒有、硬提的話,這好像有點困難。關鍵是我希望你是不由自主地深入其中,因為這正是《菩提道次第》的魅力所在,也是師父的善巧和悲心,幾乎洋溢在《廣論》的每一個字裡行間。11'28"

所以,提起歡喜心有那麼難嗎?諸位想一想。不管你學幾輪了,希望對於這一輪的研討《廣論》,還是抱著強烈的期待、保持著初心。就像剛上學的小朋友那樣,想要重新再學一遍——這裡邊還有多少多少內涵,是我當初完全忽略的?甚至我自己的聽聞前行也麻木了,甚至對師父的感恩心也慢慢地變淡……如果有上述習慣的話,大家聽了之後,就好自向心內觀察。我也是,我要向心內觀察。12'04"

總之,期待這一輪的《廣論》學習,我們要把對正法

深沉的熱忱和歡喜心，供養給師父、供養給釋迦牟尼佛，還有千千萬萬為了救度我們努力把自己修成菩薩再成佛的所有善知識。總之很期待跟大家一起隨著師父的講說，在智慧和悲心的虛空中盡情遨遊！12'32"

好！今天就先講到這兒，謝謝大家，謝謝！12'37"

線上音檔掃描

# 講次 0002

## 運用聽來的簡明道理，產生善法欲

　　法師、同學們好！今天我們將要一起共學下一節。在學習之前，希望大家能夠策勵自己的發心，不要以一個非常平常的狀態來聽這一節課。我們要有一個大乘的殊勝發心——為了利益無窮無盡的有情，我們必須證得無上正等菩提；證得無上正等菩提必須要聽聞正法，所以我們現在就來聽聞法，以此作為能夠成就無上正等菩提的因。所以不管這一天的生活是如何地忙亂，你有多少心事、有多少委屈、有多少好像還沒有做完的事情，但是當我們打開《廣論》坐在這裡的時候，就請大家把那些忙碌的外緣都止息掉，專注地傾聽師父的法音，我們一起在心靈的深處給自己一個法的饗宴！1'14"

音檔　　　舊版 1A　02:34～04:10
手抄頁／行　舊版 1 冊　P4-L3～P4-LL5（2015 年版）
　　　　　　舊版 1 冊　P4-L1～P4-L9（2016 年版）

好，那麼我們現在就開始一起聽一小段師父的開示：

1'22"

　　所以我改變一個方法講，我頭上只是非常簡明地來說，而把這個簡明的理由，就馬上能夠運用在我們身心上頭的，那麼提起我們對本論的一個興趣、好樂，了解了本論的殊勝，產生一個善法欲。換句話說，一種強有力的欲望，本來這個欲望通於世間的，現在我們這個欲望是追求善法的欲望。而這個善法欲，是策發我們精進的必要的基礎，有了這個，那麼才能夠得到佛法的真正的好處。換句話說，真正講修行上去的步驟是這樣的。等到我們把本論順著次第一步一步學下去，有了一個正確的概念，然後我們再提綱挈領，把這樣的一部大論，作一個綜合的結論，那個結論，以後作為我們行持的準則。實際上這個最後的結論，本來就是在最先應該講的玄義，這個首先來說明。3'01"

　　剛才我們就聽了那一小段，不知道大家在聽的時候有沒有走神？有沒有特別專注地聽？那麼我現在來就這一段提幾個問題，大家如果有手抄的話可以看，如果沒有手抄

的話，你就想辦法聽，看你剛才聽的，在腦海裡有多少印象。3'23"

　　在這一小段裡，我要提出的第一個問題是：真正修行上去的步驟到底是什麼呢？你們可以想一想喔，在這一段真正修行上去的步驟是怎樣的呢？這是一個問題。應該在最後面講的那個結論，師父說就是在最先講的「玄義」，實際上應該作為我們行持的一個什麼？準則！所以師父作這樣一個很簡明的說法。4'00"

　　我又要提問題了，注意喔！為了了解它深入、正確的意義，花了很多時間我們也沒有得到，只得到很小的受益，師父害怕這樣我們不懂，會減緩善法欲，說這是一種損失。那麼師父把它改變成什麼樣子呢？師父說：「非常簡明地來說」，這是第一步。那請問第二步是什麼呀？記得嗎？有誰回答嗎？第二步是什麼？第二步是不是「把這個簡明的理由，運用在我們的身心上頭」？是不是？注意喔！把這個簡單的理由用在我們身心上，前面還有兩個字不要忽略掉，就是「馬上」！師父說：「就馬上」，下面還有兩個字「能夠」，「就馬上能夠運用在我們身心上頭

的」。說：「非常簡明地來說」，把這個理由非常簡明地說出來，而且「馬上能夠運用到我們身心上頭的」，因此「那麼提起我們對本論的一個興趣、好樂」。5'18"

為什麼把一個簡明的道理馬上能夠運用到我們的身心上頭，我們就能夠提起對本論的一個興趣和愛好呢？很顯然，管用嘛！實用，對不對？假如我去買一個想用的東西，拿回家之後……比如最簡單的一個東西吧！吹風機。打開之後，一開電門它不會吹，或者它吹的風是亂風，或者夾頭髮，那麼這種都是不能用的。如果給我們一個非常非常美的真理，馬上能用在身心上，然後能夠解決問題，啊！我們內心裡一定是很興奮的，覺得很期待！6'01"

所以師父說：「了解了本論的殊勝，產生一個善法欲。」就是你有一個希求心。所謂的希求心，就像吃了一個好吃的，吃完了過一會兒之後你就覺得：「啊！回味起來那個味道真是美呀！下次還要再吃一次。」就是重複地再去、想得到的，對法的一種善法欲。然後師父解釋「善法欲」，說：「換句話說，一種強有力的欲望。本來這個欲望通於世間的，現在我們這個欲望……」注意喔！師父

用了「強有力的希求善法的欲望」。6'41"

　　那麼我們為什麼對這個善法產生了這樣強烈希求的願望呢？就是因為這麼簡明的道理聽清楚了，又馬上能夠用在身心上面——觀察自己的心。對周圍的環境用一個什麼樣的觀點呢？應該說，去評判也好、念恩也好，應該用什麼樣的正知見去看。一旦我們慢慢地去訓練這個的時候，我們就會在內心深處，生出一種至少是對周圍環境的諒解，有的時候也會發生對自我的諒解。或者比如說，現在你可能很累很累，你的心很想休息一下，那你是否感覺到慢慢地有點恢復氣力，沒那麼累了？因為在聽法的時候，會讓特別特別疲憊的心得到一個休息和調整的感覺，這也是法能帶給我們的利益。7'48"

　　所以，如果我們曾經在一個地方很好地調整自己，或者走投無路的時候從什麼地方得到了啟示，然後突然找到了希望，而這些在法上都可以得到，那麼我們就會有善法欲——師父在這裡邊說：「強有力的善法欲」。8'10"

　　「而這個善法欲」，師父下面提出了我最開始提的問

題：真正修行上去的步驟是什麼？你們還記得這問題吧？
「而這個善法欲，是策發我們精進必要的基礎」。所以善
法欲的意思就是——你要很想學、你要很高興學。注意！
這不是要求，而是你心裡就是這種滋味、就是這種感
覺——很想學，學起來覺得開心、覺得沒有負擔。不但沒
有負擔，還把每天工作中、生活中、人事上，或者你跟自
己彆扭的那些心情，也說不明白的那種感覺，透過研討
《廣論》，不知道為什麼就好像沒那麼沉重了。如果是這
樣的話，還是那句話——我們就會帶一種歡喜心想要再去
聞法。這種心就是精進的基礎，因為精進的定義就是「勇
於善」，它在善上非常勇；「勇」還有一種非常歡喜的意
思。9'15"

　　注意喔！注意！不要走神！師父說：「有了這個，才
能夠得到佛法真正的好處。」問大家一句：師父希望誰得
到佛法真正的好處啊？就現在在聽聞的你，有想嗎？師父
就是希望在聽聞的你——正在聽聞的我，得到佛法的好
處。那麼這個好處，一定是聽了簡明的道理，把它用在身
心上，然後產生善法欲，慢慢地獲得精進，這樣得到的。
9'51"

所以師父說，等到我們獲得了這個精進之後，其實就可以得到佛法的好處了。因為他有一個很歡喜地去行持法的基本心態，應該說很陽光、正面的心態，開啟了我們內心中很多的正能量，讓我們慢慢地擺脫負面作意、負面思惟、悲觀的理路。乃至平常習慣在一堆煩惱裡邊左纏右纏、上纏下纏，就是不肯出來！但是《廣論》一打開，師父的法音開始出現的時候，哎！突然攪煩惱那個續流就斷掉了，我們就開始專心在法上，這無疑是我們生命一個很大的期待和喜悅。所以希望大家能因為上這節課，自己感到歡喜呀！10'49"

　　然後師父講到最後一段，說：有了一個這樣的正確概念，然後順著次第一步一步地學下去，到最後提綱挈領變成一個行持的準則。這是最後的結論嘛！講了這一段。11'02"

　　所以，這一小段最重要的問題應該就是善法欲。但是善法欲是怎麼形成的？就是聽到了一個道理——正念之後，大家要在身心上去訓練。那麼請問：這一段師父對我們最深的期待是什麼？就是期待大家把簡明的道理聽了之

後，要馬上在身心上去實踐；實踐了之後，才會知道佛法的美妙。也就是能不能用聽來的這個道理，來改變我們的身心世界？11'42"

在這裡邊我作一個簡要的分析：把簡明的理路馬上運用到我們身心上頭的話，會產生什麼作用呢？比如第一點，如果我們身心上頭是苦的話，一定要有一個對付苦的辦法；這個對付苦的辦法，一定是從聽聞中來，或者你從聽聞其他教典裡來的。那麼要觀察一下：這個苦到底有沒有因？是無端生起的，還是有因的？如果這個苦有因，這個因到底是不能改變的，還是可以被消除的？如果這個苦和它的苦因都是可以被改變和消除的，那我們現在所遇到的境遇呀，還有各種不理想的狀況都是可以改變的。光是知道這一切都是可以改變的，其實我們就稍稍有一點沒那麼沉重了，不是嗎？12'39"

所以佛法其實講的就是向內調伏、調伏身心，然後能帶來心靈的喜悅、擺脫心靈的重負。它就是在處處研究我們現行的煩惱——現在正在進行的這種煩惱，它的本質是什麼？它有沒有苦因，可以把苦因拿掉？那麼快樂雖然好

像有的時候離我們很遙遠，但是有時候也垂手可得。而我們此處想要尋覓的快樂，到底是什麼等級的快樂？大家可以稍稍期待一下，那就是下一段。13'16"

廣海明月

——道次第廣論講記淺析
第一卷

解釋「菩提道
次第廣論」

線上音檔掃描

# 講次 0003

# 菩提——自覺覺他、覺行圓滿

大家好！今天我們來繼續學習下一段。還是要注意策勵自己的發心，在聽聞的時候有一個大乘的意樂。因為這大乘的意樂其實就像一個方向一樣，它會把我們聽這一節課哪怕是幾分鐘所造作的這個業，都引領到無上菩提的方向。而引領到無上菩提的方向，就好比是一滴水的善，我們把它放進了大海，那麼這一滴水就永不乾涸。然後在聽完的時候，再把它迴向無上菩提，所以就做了一個非常完美的聽聞——發心、正行和結行。0'42"

好，那現在我們接著聽一段。0'46"

音檔　　舊版 1A　04:10～07:05

手抄頁／行　舊版 1 冊　P4-LL4～P5-LL1（2015 年版）

　　　　　舊版 1 冊　P4-LL7～P5-LL3（2016 年版）

　　所以現在我們用簡單的方法。《菩提道次第廣論》，那麼說些什麼呢？簡單地說一下。「菩提」，翻成功我們中文叫作覺，大家曉得──覺悟。這覺悟些什麼呀？平常我們說叫「自覺、覺他、覺行圓滿」，這個我們也不必一個一個解釋。拿我們最現實的，也最具體的說明──我們目前，大家追求的是什麼？快樂。昨天說過了，簡單地說，這樣；更深一層地，或者是仔細一點講的話，要想把痛苦解除，要想快樂得到。當你把痛苦徹底解除的時候，得到的快樂是圓滿的，不會有毛病的，這樣；應該說，不會有毛病的，但是並不圓滿。而不但這個快樂沒有毛病，而且圓滿的，這樣。2'01"

　　那麼我們為什麼得不到呢？我們這麼努力去做，為什麼得不到呢？原因是說，我們雖然認真去做了，因為我們並沒有對我們所做的事情有正確的認識，沒有正確的認識，你雖然辛苦忙了半天，卻不一定有好結果。比如說我們生了病，要去找醫生，你去找醫生，假定你對這個醫生有沒有本事，這個藥對不對，你都不知道，隨便找一個蒙古大夫，隨便弄一點藥吃吃的話，病治不好；不但治不好，乃至於更加重你的病苦。同樣地，世

間的任何事情都是如此，所以我們雖然要求這個好的目
的，但是因為並不了解怎麼去做。2'58"

　　今天師父就先講了一下《菩提道次第廣論》「菩提」
這兩個字。請問大家：菩提翻成中文叫什麼呀？覺！談到
「覺」，就有三方面，一個是什麼？「自覺」。還有什
麼？「覺他」。然後第三個是「覺行圓滿」，在這裡面就
沒有解釋了。但是師父是怎麼解釋啊？師父說：「拿我們
最現實的，也最具體的說明──我們目前，大家追求的是
什麼？」大家追求的是什麼呀？「快樂！」所有人都要追
求快樂，連小鳥、小昆蟲……什麼都是在追求快樂。那麼
師父說：「更深一層地，或者仔細一點講，要想把痛苦除
掉，要想快樂得到。」這個過程，除掉的痛苦是徹底解
除、得到的快樂是圓滿的話，那是正確的。4'06"

　　師父在這裡面就舉出了，注意喔！想一想上一段我們
學的，怎麼樣用一個簡明的道理，馬上用到身心上頭，我
們就提起了興趣、產生了善法欲呢？就是因為佛法攸關於
我們的苦樂問題──這個覺悟啊！「覺悟」也是淨化和證
達的意思，中文用兩個字表達就是覺悟。覺悟就是已經到

達生命的一個圓滿的境地，這裡面指的是無上菩提。 4'37"

　　那無上菩提之路說起來是什麼呢？就是步步離苦、步步得樂的這一條路。如果我們知道：喔！佛法原來是一步一步讓我的身心擺脫痛苦、一步一步得到快樂的話，那不是人人都欣樂之、人人都嚮往嗎？所以，大家想一想，如果這樣的話，我們會不會有善法欲呢？我們聽來的這樣簡明的道理，可以用在身心上除苦引樂，然後每天步步積累、步步積累，這樣的生活誰不嚮往呢？所以師父在本論的開頭，希望我們把聽來的佛法用在身心上，去掉痛苦、得到平靜和歡樂，這就是我們對《廣論》產生的希求心。大家可以想一想是不是很踏實？是不是很接地氣？很現實、很現實！所以佛法的作用，也是非常非常實惠的。 5'40"

　　那麼既然這麼好，說有一種可以徹底地把痛苦都去掉，把所有的快樂都圓滿這樣一條無上菩提之路。對比一下我們的現狀吧！然後師父就說了：「我們為什麼得不到呢？」現在我們為什麼得不到呢？分析的原因就是：認真做了沒？認真了。那什麼原因呢？就是我們對所做的事情

「沒有正確的認識」。提到這一點的話，可能就要產生廣泛的討論了。6'12"

　　因為沒有正確的認識，所以忙了半天，都不一定有好結果。一般說，教育小孩這件事，大家就都有經驗了。一個小孩子，比如他認為背書有什麼重要的呢？他認為玩比較重要，玩就像大人工作一般重要，為什麼要坐在學堂裡背書，犧牲掉那麼多珍貴的玩的時間呢？如果一個孩子，讓他盡興地玩，玩到十八歲的話，那整個青少年就什麼都學不到了。所以一定也要對坐在課堂裡讀書有個正確的認識，然後才能夠不辜負光陰。所以這個正確的認識，就有賴於家長和老師對我們這些所謂的小小頑童的慈愛和管束。6'57"

　　那麼對於我們想要達成無上菩提的人來說，沒有一個這樣的老師引導我們，告訴我們正確的離苦得樂之道是什麼？甚至心裡正在進行的這個苦認不認識？還要進行下去嗎？離開痛苦的辦法在當下到底是什麼呢？如果沒有得到一個好醫生，生了病的話，可能還會病上加病。如果我們家裡附近有一個名醫，可能無形中就會成為你的一個依

靠，有點病你就去問他：「怎麼回事啊？」然後這醫生態度又特別好，會特別慈悲告訴你，又給你開藥、又關注你。那你想想，他是不是人生路上的一個良伴、一個絕對不可或缺的真摯朋友？我覺得師父就是在用這樣一個非常非常親切的辦法，把一位非常非常偉大的人物，或者對我們生命的苦樂息息相關的人介紹給我們。那個人到底是誰呢？接著往下聽！7'59"

　　那麼現在有這麼一個人，他是徹底完全覺悟了，告訴我們這個道理，告訴我們這個道理，所以這個叫作「覺」。覺悟什麼呢？任何一件事情對、錯，他完全了解了，這樣，那就是所謂這菩提就是覺的意思。那麼我們要想得到這個結果的話，不但聽到那個道理就算了，還要照著它去做。所以，你照著它這個方法走上去的這個步驟，叫作「道」，這麼簡單。8'43"

　　所以師父要給我們介紹的這個偉大人物，可能學過的同學早都知道，就是我們偉大的佛陀！師父用非常親切的引導，從我們身心的苦樂這點開始，發現我們都沒法讓自己一直永久處在快樂的狀態，甚至有了痛苦，擺脫掉的時

間也很長，甚至有些痛苦就緊緊地撕咬著自己的身心，是沒法擺脫掉的，變成一生一世的牽纏和羈絆。那麼有沒有一個人，他的痛苦全部解除了、他的快樂全部都圓滿了？師父就在滿天的星辰之中，引導我們去看佛陀──這位非常耀眼、比星星更耀眼的導師！9'35"

那麼說：他把生命所有的苦都解決、樂都得到了。然後師父說：他完成了三種──自覺、覺他、覺行圓滿，任何一件事情的對和錯全部都了解了。師父就告訴我們說，在宇宙間、在天地間、在人世間，曾經有這樣一顆心，而且他現在也是存在的，這顆心是存在的。他心中有一個量，這個量，就是對所有的事情完全沒有顛倒的看法；他的見解一如既往地清澈和準確，乃至精確，沒有一絲絲的錯謬。所以他去除苦因的方式是正確的，苦因被去掉了，所以沒有苦果；那麼得到快樂的因是正確的、是種下去了，繼而令它圓滿，所以他的快樂也圓滿了。這苦和樂的去除和得到，只是源於這顆非常非常有智慧的心，他對一切事情有正確的知見、有正確的看法，完全沒有顛倒。10'41"

　　他告訴我們得到菩提的辦法，那這個辦法到底是什麼呢？就是「道」──菩提道，師父就解釋第二個字了。大家有沒有看到，師父把這個「道」字解釋得是何等地親切──就是佛陀告訴你一個方法，那個方法就是怎麼樣能夠得到全部的快樂呢？怎麼樣能夠幫我們生命所有的痛苦都去除掉呢？天底下有這樣的事情可以達到嗎？像我這樣每天煩煩惱惱，也沒有什麼心力，又很多事情在忙的人，真的有機會會晤到偉大的佛陀嗎？能夠知道這樣了不起、如此親切溫馨的「道」嗎？打開本論就是了！師父已經走到我們中間，在為我們講述了。所以這是一件多美好的事情！大家一定要好好地珍惜每天跟師父會晤的時間，也是跟佛陀、祖師們會晤的時間──就是在研討的時刻啊！謝謝！11'46"

線上音檔掃描

# 講次 0004

# 質正量圓，次第無誤

好，接下來請大家繼續向下聽。0'04"

那麼下面的「次第」呢？任何走這個路，一定有個次第，一定有個次第。比如說，我們爬樓梯，一定是下面一階階上來，沒有一個事情是例外的。不要小看這個喔，不要小看它呀！實際上那個次第是非常重要的。平常我們做任何事情的時候，要注意幾樣東西，平常我們說：質、量；質是講這個東西對不對，量是講這個夠不夠。隨便，譬如我現在說前面一杯水，我要喝水，那麼不僅僅是它水對不對，當然，不但對不對，還髒不髒，這個是就它的質純淨與否。單單這個質夠不夠？不夠，你說一滴水也是，一滴水喝了不能解決你的渴，還要什

音檔　舊版 1A　07:05～12:16
手抄頁／行　舊版 1 冊　P6-L1～P8-LL7（2015 年版）
　　　　　　舊版 1 冊　P5-LL2～P8-L8（2016 年版）

麼？量。所以質是要正，量是要足。除了這個對不對？還要一樣東西——次第。小事情，我們往往不大注意，忽視掉了，實際上呢，次第是非常重要。1'11"

平常舉一個非常簡單的比喻，我們燒飯，我們大家曉得要米、要水，然後要火，把幾樣東西要洗。這個我們不能說反正要火、要水，大家混在一塊兒來，這個不按次第不行。你一定把那個米拿來先洗乾淨了，加了水，放下去燒。你不能說反正要水、要火，我先燒完了以後再洗，那個沒有用，那個沒有用。燒焦了，你怎麼可以？就算不燒焦，燒出來，髒的怎麼可以？譬如說燒菜——那是米的話，已經弄乾淨了——燒菜的話，你不能說那個菜田裡拔出來，我燒完了再洗，這個裡邊都是泥巴，然後呢，乃至於有農藥，一吃下去，本來給你營養的，反而把你毒死。所以「次第」，所以現在我們說，我們要想達到這樣的一個目的，應該走這樣的路，這個路過程當中還有必然的這個次第。2'14"

大家都有聽清喔？這一段師父是解釋了一下「次第」。次第，顧名思義就是先後的次第。談到次第，一定

是先做什麼、再做什麼、再做什麼。那麼這個次第是不是固定的？還是可以相互移動的？然後師父講了前面的例子，比如講了燒飯等等，這個顯然是不能夠移動的，它的次第是絕對要固定的。就是先做什麼、後做什麼事，比如說先洗菜，然後煮菜、吃菜，這個是不能翻過來的。2'57"

所以，師父在這裡邊提到了質量，質要正，量要足，然後這個次第絕對不是一件小事情，說大家不要忽略它！提到這一點，我想問大家：請問此處的次第，是對什麼事情的次第呢？是在談這個「道」的次第，對不對？那麼次第，師父用非常簡明的、我們每天生活中會遇到的事情來告訴我們：次第這件事，必須是先走下面的臺階，然後才能夠上上面的臺階。比如這本《廣論》，它用三主要道攝要，先是出離心，然後菩提心，然後空性。比如一個弟子想要尋覓真理的時候，先要尋覓善知識，善知識要有德相，這個弟子要具足弟子相，然後師生相應，才能夠生起道次第最初的上師相應的量，才能得到後面的量。這一切都是有完整清晰的次第，諸佛菩薩在千經萬論裡都在講這樣一個次第。4'14"

　　那麼此時此刻，師父把這個「次第」、「次第」二字送到我們的耳畔，一定要注意到這是關於「無上菩提道」的次第，和平常怎麼燒飯啊……我們平常的那些，是有著深廣意義的不同。舉個簡單例子，如何建立教法呢？它的次第是什麼呢？所以師父就建立了僧團。那麼在建立僧團之前，師父就想要把《菩提道次第廣論》講給很多很多的居士聽。在這個過程中，經歷了很多起起伏伏、天南海北的──捧著這本書，想把這本道次第無上的法寶送給我們。可以想像他老人家經歷了多少艱辛地探索，找到現在這種解釋的方式，我們容易聽，可以把心放進去，然後想要了解《菩提道次第廣論》到底在說什麼。師父的悲心和善巧，讓我們非常輕鬆地去了解什麼叫「次第」。5'27"

　　當然談到「次第」兩個字，現在我們寺院五大論班的法師，學習到了比如說《攝類學》的次第是什麼、《心類學》的次第，還有《釋量論》，乃至《現觀》、《中觀》、《俱舍》等等的次第，尤其是在菩薩道的次第裡，學習到了初地到十地的功德。可是在此處，師父就用煮飯啊、一杯水呀、上樓梯呀這麼簡明的喻，讓我們趣入到對無上菩提的次第的探討和希求。6'02"

　　所以在此很感恩師父，能用這樣非常平白的道理，讓我們知道次第這件事實際上是很大很大的！如果沒有前面的次第，那麼將沒有後面的次第；如果前面的次第沒好好努力的話，腳下的一步沒有，怎麼可能有以後的路呢？那麼此時此刻當下的你我在做什麼呢？我們就是在一起聽聞《菩提道次第廣論》，師父在解釋「次第」這兩個字。而這兩個字對我們生命的無上的意義是什麼呢？就是我們將了解如何徹底地離苦、如何究竟地得樂，它的次第是什麼。就如了解登一個樓梯、煮一個飯的次第一般的簡明的方式趣入，我們將要在我們的心中、在我們的生命中，開始對無上菩提之路的探索，這一定是一件很令人驚喜的事情。所以「次第」二字，終於落到我們的識田裡了！ 7'12"

　　那麼這個次第，將在我們的生命中揭示出一重比一重的美好、一重比一重的欣喜。這個次第可能是經典裡面師父給我們講的次第，這個次第同時也是我們認識自心之後，在自心中所看到的次第。那麼這個次第一定是步步離苦、步步得樂，它是從眼下的迷惘、眼下的沉悶，慢慢地變清晰，看清腳下踩的是什麼？當下一步是什麼？當下一步的離苦得樂究竟是怎麼走法？所以還是回歸到佛法的實

用性，它非常非常地貼緊我們的身心，它是腳踏實地的一條路，不是玄而又玄的空中樓閣，看著很好、說著很好聽可是不實用，不是這樣的！完全不是這樣的！8'11"

師父指給我們的，就是這樣非常踏實、有次第可循的，而且非常真實的離苦得樂的一條路。所以非常希望大家能夠好好地珍惜每一次學習的機會，把它好好地努力下去，看一看這個次第到底在我們的生命中重要到什麼程度？尤其是──最初的次第是什麼呢？步步的次第又是什麼呢？如果這所有的次第都關係著我的苦樂，那麼真的是一件很令人新奇的事情。8'50"

好，接下來請大家繼續向下聽。08'54"

那麼下面叫「廣」，「廣」是詳細地來說明這件事情，來說明這件事情。我這地方再特別說明一下，我完全都是用最通俗的名字來講啊，下面大家也許說，那平常我們這樣，好像聽那個書本上面，也許你有可能兩種反應。大家注意喔！一種呢，大家如果習慣於平常我們教學方式的話，也許覺得這個好像不夠書卷氣。還有一

種呢，也許習慣了，聽完了這個，很歡喜的話，就不再
歡喜平常我們一般的正規狀態。那麼這兩點，我們都這
地方要說明，要改善的。9'44"

　　第一種情況，他習慣了文謅謅的這種語言以後，驟
然聽了以後，覺得不大習慣，那這是難免的。但是我們
要了解，你今天跑得來聽這個東西，你目的幹什麼？假
定說你是學文的、學什麼的，那對，用不著到我們這個
地方來。你可以到普通的文學院裡面去，哪一個學校，
研究佛教史，研究中國文學，然後研究西藏文學，寫出
最好的文字來，根本用不著到這裡來！我們這裡主要的
目的是，要了解了講修持，然後照著去修持的話，證得
這個覺悟的、圓滿的果。所以真正的重點擺在這裡，你
不要忘記掉了！所以在這個場合之下，為了適應我們的
條件，這樣，那麼你慢慢地、慢慢地自然心裡面，就不
會受以前習慣的影響。10'45"

　　還有一種呢，也許我們在這裡聽得滿歡喜，覺得：
哎呀，這個講的道理的的確確聽完了我馬上可以用上，
很高興！於是不知不覺又會產生這種心理——在別的地
方聽見這種照著次第去講的很多文字，你會排斥它，

說：「唉，你看，那些講了個半天沒用！」這種心理也絕不可以！要曉得，它語言文字是絕不可少的，絕不可少的。做任何事情，修學佛法亦復如是，必定要透過這一個東西來說明，次第地深入，我們才能夠懂得。只是我們目前狀態，是因為條件所限，所以不能用得它深的地方去，才這樣的，這個我們要了解，這個是要了解。所以，這兩種情況，我就事先先說明、避免。越到後來，我越是會用比較像學校裡念書這樣，用各式各樣的成語文字來表達，這個首先說明一下。11'57"

　　這兩小段，開始講到「廣」了，就是廣泛地討論這件事、詳細地討論這件事，師父說他盡量用通俗的方式來講。其實我讀過師父的幾篇日記，師父的日記跟《廣論》的講法簡直是完全地天壤之別。師父的日記有點像半古文那樣，非常地簡潔，有的時候八個字表達的意思，可能要想很久。不是用這種好像散文的方式表達、像跟我們聊家常一樣這樣親切地表達出來的。12'34"

　　注意喔！在這裡邊師父點我們這種現行，就是「配不配我們胃口」的意思——你習慣說法師用什麼方式講給你呢？比如很多小孩也是，他之所以不願意聽爸爸媽媽的

話，他覺得：「哎！我爸爸態度應該好點。」或者：「我媽媽應該說幾句、對我表達一些她很愛我呀，或者很心疼我這樣的觀點，我才能夠接受訓斥。」總之，我們在學習的時候，會有一些條件、有一些條條框框，覺得教我的人應該是這樣的、應該是那樣的等等這樣的習慣吧！13'14"

而且師父在前面還講說：「一開始的時候你可能不習慣，後來你習慣了之後，又對另一種不習慣。」師父說這兩種都要改善。注意喔！接下去的時候，對於喜歡聽文謅謅的，師父就非常地犀利說：「就去文學院聽！」其實我也是比較喜歡文學的。但是師父用這樣的方式講的話，也會同時還有一種優美的旋律。那麼這種優美的旋律，它常常緊扣著我們的心，我們的心中出現什麼樣的一個非理作意，哎！師父馬上就在帶子裡講了。說：「你想要做什麼？你想要聽到優美的文字啊，還是想要聽到什麼呀？那你是去念文學院，還是來聽解決生死道理的？還是來聽佛法的呀？」就是發現目的、宗旨好像偏移了，不知不覺偏移了。哎！師父就輕輕點一下，好像是說：「哎！某人啊，你又在想什麼呀？」14'17"

　　所以，在這裡邊再次地強調：我們這裡主要的目的要了解，了解了要講修持，講了修持之後要照著去修持，證得這個覺悟的、圓滿的果。所以它真正的重點放在哪裡呢？放在我們要了解真理；了解了真理之後，要想法去行持；行持後才慢慢去證得那個結果。14'46"

　　所以真理用什麼方式傳播的？那麼為什麼他會有這樣的選擇方式？他可能是根據廣大的漢地有情能夠應機的一個程度，不要講得太深。因為這樣一本《廣論》最初拿到手裡的時候——在十多年前我碰到，那個時候很多人都會害怕，說：「哇！這一本佛教專著如此地厚、如此地專業，我們能學嗎？」其中廣論班同學還有沒上過學、不認識字，他也在廣論班裡，他就負責聽，連筆記也不會寫。這樣的艱難，都對師父講的法生起這樣的好樂心，所以可以想像傳遞的面是非常非常廣泛的，用這樣的文字。15'27"

　　那麼也聽過很重視文字的我的一些朋友，他們會跟我說：「哎呀！這些例子太多了，好像講得有點散。」當時我們在討論，我說：「『散』是什麼意思啊？是偏離主題

的意思嗎？」我們就探討這個問題。當時我說：「師父舉的每一個喻，其實你在你的內心上觀察一下，都可能發現一種現行。不透過這些喻，實際上我們很難把佛法在身心上找到落腳點。」所以師父在這裡邊，就是希望我們不要對這種講的方式起太多的負面作意，這樣的話會影響我們專注在法義上。一旦法義聽不清楚，我們將無法把法義在內心上找到落腳點。這些勸慰非常地親切、非常地關注，就像一個父親勸自己說：「啊！在修這個車的時候，你要注意怎麼樣去拿扳手啊！怎麼樣去上油啊！怎麼樣把車輪倒過來的時候不要砸到你自己的鼻子啊！」等等，所以它是非常親切實用的方法。16'34"

在這裡再再地提醒我們說：為什麼來聽這節課呀？主要的目的就是要修行自己呀！修行自己什麼呢？就是要把痛苦的、不悅意的、纏繞身心的那些麻煩，透過聽聞佛法的緣故，能夠慢慢去解除種種繫縛，讓佛法成為生命清涼的一劑美藥，而且我們服著的時候覺得很愉悅、很歡喜。所有的喻、所有的理路，都只是為了指向這一點——也就是讓我們快樂、讓我們能夠清涼、讓我們不要活得那麼糾結。17'16"

# 講次 0005

# 凡夫能成佛是天大的好消息

　　法師們好，同學們好！很開心又到了我們一起研討
《廣論》的時間。0'07"

　　在研討之前，大家還是要端正一下自己的意樂——是
為了求取無上菩提，我們開始研討《廣論》。為什麼要取
證無上菩提呢？因為我們在輪迴的世界。輪迴的世界是被
苦性所攝的，而我們要追求的無上菩提是被樂性所攝的。
所有的心都有離苦得樂的趨向性，那麼你我也同樣在這個
離苦得樂的趨向性中。所以為了能夠達到生命最究竟、最
圓滿的無苦的境界，我們虔誠地、莊嚴地坐在這裡，並且
有一個大乘的發心——為了利益無窮無盡的有情，我們必
須去希求佛果，所以要來聽聞。1'02"

音檔　　舊版 1A　12:16～13:26
手抄頁／行　舊版 1 冊　P8-LL6～P9-L1（2015 年版）
　　　　　　舊版 1 冊　P8-LL7～P8-LL1（2016 年版）

聽聞的時候，因為時間很短，所以請大家一定要專注！不知道你們回去有沒有自己看書一下呀，或者自己聽帶一下？如果自己看一下、琢磨一下，我們再來研討，可能你會覺得首先更熟練一點；另外，你看看自己學這一段的思路，還有你的受用，和我們一起學了之後，有一些什麼樣的改變。1'32"

現在我們還是一起把這一段聽一下。注意聽！1'38"

那麼，所謂《廣論》的「論」，最後一個，平常我們就說，詳細地來討論，詳細地來討論這件事情。所以從這個題目上面，我們可以曉得說，我們現在學這個東西，就是怎麼樣從我們凡夫，下腳第一步開始，一直走上去，走到圓滿成佛的這條路。而這條路的過程當中，不管就它內容的正確與否來說，就它應該完成的數量來說，以及走上去的次第來說，它都有一個完整詳細的說明，詳細的說明。我們從這個上面，有了一個正確的認識，你照著一步一步實踐的話，就可以達到最高圓滿的境界，最高圓滿的境界，這就是本論的我們要學的。2'53"

　　好，先聽這一小段。聽了之後，我想提一個問題，大家想一想。師父說：「詳細地討論，詳細地討論這件事情。」請問是什麼事情呀？有人答嗎？能答出來嗎？什麼事情啊？詳細地討論什麼事情？不知道你們私下的答案是什麼呀？現在好想全部都聽一遍。有人答說是「菩提」嗎？對吧！菩提就是「覺」嘛，討論怎麼樣去成就無上菩提。3'41"

　　所以注意喔！師父說這件事情要被詳細地討論，而且師父重複一下：「詳細地討論。」那麼這件事情就在師父的講說中進入了你我的生命。我們平常生活中會有這件事情、那件事情，比如說去上班了、洗衣服了，或者思考一些這樣、那樣的事情。但是，如何去求證無上菩提的這件事情，有沒有詳細地討論？比如說這一年的積蓄怎麼花費呀，每天去菜市場買什麼菜、煮哪一道菜，還有商量家人的一些事情啊、朋友的事情，我們都會很詳細地討論；但是有沒有人跟我們一起討論怎麼樣趣向無上菩提呢？4'39"

　　那麼在此處，師父就提出了「詳細地討論這件事情」。這件事情是什麼事情呢？就是我們究竟地離苦得樂

這件偉大的事情、微妙的事情、神奇的事情；又是常常被我們忽略的事情，沒有時間討論的事情。5'04"

　　所以師父說：「從這個題目上面，我們可以知道說，我們現在學這個東西」，我們現在學！想一想，很多年前師父講到「我們現在學」！學什麼呢？「就是怎麼樣從我們凡夫，下腳第一步開始，一直走上去，走到圓滿成佛的這條路。」注意喔！師父殷殷渴盼的內心，在這一句話已經說得非常非常明顯了。說：「我們現在開始學這個！」學什麼呀？凡夫從哪裡學呢？就是下腳的第一步，第一步！第一步是什麼呢？就是從什麼也不知道開始，說：「有無上菩提這回事嗎？有生死輪迴嗎？有解脫道嗎？」甚至說：「人在生死之間還需要一個善知識嗎？還需要對善知識修信嗎？」以前的你我什麼都不知道，但是師父並沒有嫌棄我們什麼都不知道，正因為我們什麼都不知道，所以師父說：「我們現在學。」就好像慈愛的爸爸媽媽，拉著不會走路的小孩子的手在教他，反正連滾帶爬開始，然後站起來走，就是從下腳的第一步開始。6'37"

　　師父的期待非常地美，就是一直走上去，走到圓滿成

佛的這條路。看看！第一盤還沒講完，師父就已經提出了「圓滿成佛的這條路」。當這幾個字落入你我的耳根，融進了我們的內心的時候，這幾個字在我們生命中所產生的作用，是非常非常震撼的！因為我們居然知道了有成佛這件事！居然知道了有一個善知識，將在《廣論》裡和我們詳細地討論關於「我」怎麼樣成佛的事情。這個「我」，是坐在你的錄音機邊啊，還是手機旁，坐在什麼旁邊跟我們一起學《廣論》的，就是很多個「我」。居然有一個善知識跟我們討論「我」怎麼樣成佛這件事情！所以不管我知道得多少、我習氣多重啊、我沒有時間啊、我笨啊，甚至我身體不好呀，我把其他的事情做完我就沒有體力學……這都沒關係！因為就這麼短的時間，師父還是來為我們講這件事了，我們遇到他了！ 7'53"

這條路的過程，注意！師父會非常非常在意它的「清淨」。舉個簡單例子，假如說瓷碗，你的傳承清不清淨？是不是最著名的那個瓷都製造出來的？他有講到一個傳承的清淨——內容一定要非常地正確，正確與否要討論。還有「數量」是怎麼樣的呢？所謂數量，如果說燒一個瓷器的話，就還是要講火候。像我們做餅也要講火候，火候一

大就糊了、不能吃了；就算蒸馬鈴薯都要講火候，因為火候一過了之後可能就不好吃了，所以它的火候到什麼程度就應該轉換一下。還有走上去的「次第」，就是先幹什麼、再幹什麼、再幹什麼。有沒有發現是手把手地教啊？所以它都有一個「完整詳細的說明」。然後「詳細的說明」，師父又說了一遍：「詳細的說明。」8'52"

「我們從這上面，有了一個正確的認識」，注意！因為有詳細的說明、有善知識為我們講，然後我們從這上面就得到了一個正確的認識。我不知道對這句話大家懷不懷疑自己？有很多人會認為：「即使老師講，我也得不到正確的認識。」但是師父會認為，我們從這個上面是可以得到正確的認識的喔！如果你第一次得不到、第二次得不到，就重複幾次嘛！重複地學習是可以得到的。9'25"

我以前曾經問過仁波切說：「我覺得自己有點笨，怎麼樣能夠變得聰明一些呢？怎麼樣可以修成不忘陀羅尼，學什麼馬上都能記住？」後來仁波切就走到我旁邊，把經典在我頭上輕輕拍了三下，說：「給你不忘陀羅尼了！」然後說：「重複！重複！重複！」所以重複地學習，可能

是我們領會一個我們並不熟悉的、很重要的智慧的辦法。所以不要小看我們的學習能力！我們的心一旦聽到了善知識的法音，內心裡生起了渴仰之心，然後將這樣的心慢慢去增廣的時候，誰知道你有一天會有一個怎樣的進步呢？10'15"

　　所以不要一開始就覺得自己不行喔！因為其實你不行，你也沒有什麼證據呀！有什麼證據說自己就不會得到正確的認識呢？師父都這樣信心滿滿的，師父說：「有了一個正確的認識，你照著一步一步實踐的話，就可以達到最高圓滿的境界，最高圓滿的境界，這就是本論要我們學的。」幾句話喔，幾句話，把《菩提道次第廣論》一開始到最後達到的高度標示出來了。高度是什麼呢？就是你我生命最高、最圓滿的境界。那就是完全沒有一絲絲痛苦、沒有一絲絲迷惘的一個境界，生命裡所有的苦澀都消失了、所有的不知道也都消失了。因為佛陀有一個名字叫正遍知——什麼都知道，只要是心所對境、只要是存在的、只要是有的，他全都可以了解，而且可以最正確、最徹底、最詳盡地了解。我們透過修鍊，也可以讓我們的心達到那樣一個境界。11'25"

注意喔！師父在此處指出了，我們是可以有那樣一條路的可能性的。他就是來到這個世界，告訴你我：我們雖是凡夫，但是有了正確的認識之後，我們是可以一步一步照著次第來，可以走上無上菩提之路。這是一個很大的喜訊吧！所以在我們給自己規定的這種進步空間和小小的視野裡邊，如果沒有善知識的指引，我們用怎樣的目力也無法看到無上菩提恢宏的方向。我們怎麼可能在心續裡有這樣一個志向，說我可以成就無上菩提呢？可是藉借著師父，注意喔！就在《菩提道次第廣論》的名字上，師父就在你我的心中放下了一個鴻鵠之志──我們要求取無上菩提！我們要有這樣的一個信心：凡夫從腳下的第一步下腳處開始，我們一步一步地走，是可以走上徹底地離苦得樂的那一天、那美好的高度。為什麼呢？因為師父牽著我們走，因為師父走在我們旁邊，因為他舉著燈陪著我們走，只要不放開手，就可以一直一直走，走到那個地方。
12'59"

　　所以，雖然在討論《菩提道次第廣論》的「論」字，是不是在討論我們的生命明天會怎樣？你希望你的生命明天是什麼樣子？我希望我的生命明天是什麼樣子？師父希

望我們大家的生命明天是什麼樣子？如果沒有善知識來開
啟我們的慧力，怎麼敢去期望完全沒有痛苦的生存？生存
怎麼可能離開痛苦？離開痛苦豈會有幸福的感覺呢？所以
藉借著善知識的指引，我們可以遙望一下——也許有一
天，你我因為跟隨善知識步步前進，不停地精進的原因，
會走到完全沒有痛苦的、大徹大悟的那個境界。所以這是
一個天大的好消息吧！好好地歡喜一下喔！14'01"

# 廣海明月

——道次第廣論講記淺析
第一卷

藏傳佛法
傳承概要

線上音檔掃描

# 講次 0006

# 振興西藏佛法的宗喀巴大師

又到了學習《廣論》的時間了！0'03"

　　我們的生命在一刻不停地向前，我們的心續也在剎那剎那的遷流之中，沒有停頓的時候。在這個遷流的、一直向前的續流之中，如果能夠達成越往前走越是快樂、離開的痛苦越多，那麼這個遷流無疑是值得我們欣喜的；但是如果越往前走越黑、苦澀越多，那麼就是令人滿懷憂慮的。所以，為了改變我們的現在、為了改變我們的明天，我們坐在這裡來觀察自己的心，來學習如何調整。用現在的努力，調整明天的生命狀況，其實就是我們要做的。所以，還是要有一個為利無窮無盡的有情，我們要希求佛果的發心。1'04"

音檔　　舊版 1A　13:26～15:41
手抄頁／行　舊版 1 冊　P9-L2～P9-LL4（2015 年版）
　　　　　舊版 1 冊　P9-L1～P9-LL6（2016 年版）

　　常常會想：為什麼一定要一個大乘的發心？因為有一個大乘的發心之後，才能取得佛果，到最後其實得到最圓滿狀態的還是自己。當我們發心去照顧所有所有的有情，有一天所有的美好就都會落到自己的心上，成熟在自己的身心上，這就是因果奇妙的道理。1'30"

　　所以一會兒在聽師父的帶子的時候，大家要專注。不知道你是不是現在還是很忙，在很忙的時候，「啊！研討時間到了，趕快打開！」你的心是不是還馬不停蹄地緣在你剛才忙的那件事情上？注意喔！注意喔！現在上課了，上課了！要注意，上課了！要開始聽師父的帶子了，要把自己的心專注在聽聞上。因為每天只有這麼少的時間，所以一定要惜時如金——不是「時」，是惜「分鐘」如金、惜「秒」如金！所以在聽的時候，盡量不要走神！2'10"

　　好！現在開始聽。2'13"

　　那麼這個作者是宗喀巴大師，作者是宗喀巴大師。這個地方，請翻開書本前面有一個彩色的照片，彩色的照片，這張照片非常莊嚴、非常莊嚴。那麼我簡單地把

63

宗喀巴大師的他的歷史啊，介紹一下：他是青海人，青海西寧附近的人，西寧就是青海省的省會。他生在元朝──元順帝，順帝就是元朝最末一代皇帝，相當於西曆的一千三百五十七年，一千三百五十七年。他從小就是一個絕頂聰明的人，很小就出家，然後到十六歲，就進西藏。因為這個青海一帶，在我們中國靠那個角，包括青海啊，然後西康啊，然後四川的一部分哪，西藏啊，那個都是藏族的區域，藏族的區域。他們信的都是佛教，而是屬於佛教當中的密教一支，密教一支。那麼，在這一個藏語的佛法系統當中，他的教育的中心是在拉薩，在拉薩。所以宗喀巴大師在十六歲的時候，也受了他師長的影響，進拉薩去求學，以後呢一生就在西藏，而且把西藏的佛法整個復興，整個復興。4'26"

好！剛才聽的時候有沒有專注啊？師父最先講的是什麼呀？一張照片是不是？我們這裡邊可能有學了《廣論》好多年的同學，回想起一開始聽到這句話的時候，其實很多居士的反應是趕快翻、翻、翻，翻到《廣論》上的那張照片開始看，然後一邊看那張照片，會一邊聽師父為我們介紹宗喀巴大師。5'00"

　　那尊宗大師的像就是在塔爾寺。我和鳳山寺的法師也去朝禮過，我們想去拍照，結果那邊佛殿裡是不許打閃光燈的。那個佛殿不是很大，其實裡邊不打閃光燈是拍不清楚的，那天還有點陰天。當時我們就在宗大師殿外面一直繞啊，然後在祈求。要是不打閃光燈，陽光也出不來，實際上我們拍不到宗大師的照片的，因為我們想拍正面，還想拍側面的。然後突然間我就發現，佛殿裡宗大師的臉突然全部都亮起來，整個佛像都亮起來了。我就很驚訝說：「哎！到底是怎麼回事？」一看，哇！一道陽光，就從那個寺門——那個是很小的佛殿的門，直接全部滿滿地照耀在宗大師的這尊像上。好像宗大師就是張開手在那兒等我們說：「快拍照吧！快拍吧！趁著現在陽光很好。」那時候我們都特別高興，然後馬上就拍下來了，就是跟封面那張一樣的。6'08"

　　「宗喀巴」其實不是宗大師的名字，是「宗喀」那個地方的大師，所以後來就都稱為宗喀巴大師。這裡邊，注意喔！師父介紹了宗大師是什麼朝代的人呀？你們自己回答喔！小的時候聰不聰明呢？幾歲的時候，由於聽他師父的話就進西藏了對吧？去拉薩求學。注意！有一句最重要

的話就是——宗喀巴大師「把西藏的佛法整個地復興。」
注意喔，整個地復興喔！就是佛教的綿延、佛教的繁榮，
他一肩挑，整個地把佛教振興起來了。6'59"

　　因為近幾年也會碰到比如說尼泊爾的佛教徒、美國的
佛教徒、加拿大的佛教徒，還有緬甸的佛教徒。其實只要
是佛教徒，大家在一個陌生地方相遇了，都會非常非常開
心的。大家都關心著佛教的現狀，也關心著佛教的未來。
其實我們知道佛陀的教育非常非常地珍貴，對於全人類來
說，這是非常難能可貴的一筆智慧、慈悲的財富。如果佛
教能夠長久地振興下去、繁榮下去，那麼對每一個有情來
說，真的是有著無限的利益。那麼宗喀巴大師，就是把西
藏的佛教整個地振興起來，可以說如日中天。師父就要把
聚光燈照在宗大師的身上，讓我們這些人穿越了時光，好
像坐在宗大師的對面，去凝視著他——這位把整個西藏佛
教振興起來的偉大高僧。8'07"

　　其實在拉薩還有他的塑像，有一尊塑像非常非常像他
本人，面容非常地親切和藹，有一種很溫和的氣質，很慈
悲。可以說，凝視著這張照片的時候，我們也只能從宗大

師的廣傳或者略傳之中，去體會宗大師是聰明到何種程度、勤奮到何種程度，對佛教又振興到何種程度。他的講說、辯論，還有著述，都達到了登峰造極的一個不可思議的成就。8'48"

　　我很多次看到師父捧著《菩提道次第廣論》。師父走到哪裡都帶著《廣論》，師父每一次來給我上課的時候，也都帶著《廣論》。他從房間裡出來的時候總是捧著兩本書，一本是《菩提道次第廣論》，一本是《南山律》。注意！他是雙手捧著，捧在心口。一看到師父那樣莊嚴地走出來，就會覺得他捧著好像比他自己的生命更加珍貴的一個寶物，他要把這個寶物送給我們。我也曾經看過很多次，師父在祈求宗喀巴大師的時候痛哭流涕，一直說：「不要將經典當容易看啊！」還有一次，我看見師父在讀經典的時候，讀著、讀著就趴在桌上開始哭了！這本《菩提道次第廣論》，師父為了求到它的傳承，為了給我們講，可能流了好多好多的眼淚吧！翻譯它的法尊法師，不知道流了多少眼淚！還有將佛法傳承到今天的祖師、佛菩薩們，為了保留這個清淨的傳承，又流了多少眼淚！10'05"

　　我也曾經去過宗大師在拉薩閉過關的那座山。他不是坐在一個大石頭上說法嗎？我有去看他坐的大石頭，其實是一個非常樸素的石頭。那座山幾乎沒有什麼樹，樹很少的，所以一看可以看到很遠很遠的地方，都是那種圓圓的石頭，摸起來很光滑。當時是跟仁波切爬到那座山上，當時我非常懷疑我能不能爬上去，因為從小沒爬過山。但是上師在前面，我在後面，結果好像很輕鬆就爬上去了。我們爬到一半的時候，從後面來了三個出家人。哇！他們身上背的東西，看起來像一輛小車，都是用行李背在上面的，人壓得快成九十度了。然後我就問仁波切說：「他們拿的是什麼？」仁波切說：「他們要去山上閉關，拿的應該是吃的一些東西。」然後我說：「背這麼重的東西能爬山嗎？」仁波切說：「那你看看吧，一會兒我們誰走得快？」11'08"

　　結果過了一會兒之後，那三個出家人已經遠遠地走在前面。然後再一會兒看，他們就剩個影子。過一會兒看，他們已經在另一道山崗！看起來是滿神奇的，好像在飛一樣，很快就到另一座山了！就在另一條遠方的山脈，看到有三個小身影，就是那出家人。11'27"

　　然後到了宗大師閉關的那個關房，那個關房是很小的，據說是後人把它建起來的，很小、很小！那附近還有克主傑、賈曹傑尊者打坐的地方。據說宗大師剛去那座山上的時候還沒有泉水，後來是吉祥天母的坐騎用腳踏出來的。這是一個傳說，但是真的是那個地方出現泉水，然後我還去了那個泉！去到那個泉的時候，非常奇怪，前面的山上都沒有什麼樹、沒有什麼草，到了那個地方之後，突然發現：哇，草好綠啊！綠到什麼程度？好像玉一樣，軟軟的，好漂亮的草。到這一區為什麼草這麼多呢？當時那個關房也有一個出家人，他就帶著我們走啊、走啊，就走到一個地方，他在上面搭了一個小屋子。然後他就把那個鐵蓋子打開，是側面的，它上面是封著的，就像一個門一樣。他把那扇門打開，哇！哪得清如許的那個泉啊，太清澈了！然後他就拿著一個水瓢，盛滿了送給我說：「哎呀！這是加持啊，你快喝了吧！」那山裡的泉水是很冷很冷的，我平常是不能喝冷水的，因為害怕胃疼。那天就不管了，這是加持，就開始拿那一瓢水先喝了，然後又擦頭上祈求加持！聽說很多人喝了那個泉水胃病就好了，很神奇的！而且我留心了一下，那個泉水裡還有長出幾朵小花，是黃色的，非常地美！13'01"

離開那個泉，在宗大師的關房旁徘徊了許久，捨不得離開。後來找一塊草地靜靜地坐下來的時候，其實那個地方還是有很高的大樹，然後你看一看遠山、看一看天上的流雲，那些煩煩惱惱的事都飄走了，心裡有一種恭敬和虔誠地想念宗大師的感覺。想著他把這麼美的《菩提道次第》留給了我們，想著他為了無窮無盡的有情，在那一生的示現中，振興了佛教，給六百年後的我們帶來了這麼多的欣喜、這麼多的感動，所以是很難忘、很難忘的人！
13'50"

如果不是師父拉著我們，讓我們凝視到宗喀巴大師，實際上你我又怎麼會知道世上曾經有一位這麼偉大的高僧？又怎麼會成年累月地學他親筆寫的著作，教我們如何去成佛的？這些事情真的都是非常新奇的，居然就成熟在你我的生命中了。所以還是好好地隨喜、好好地開心吧！不管你有多少不開心的事情，有多少求不得的那些心事，但是我們值遇了師父、值遇了這麼好的教法，這應該是生命中最值得慶祝、最燦爛的事情，所以還是請你微笑吧！
14'38"

# 講次 0007

# 藏王迎娶文成公主、創造藏文

前一節課師父就幫我們介紹宗喀巴大師。那麼接下來，師父會簡略地介紹一下藏傳一系的佛法。所以在上課的時候，請大家把心慢慢地靜下來，讓那些喧雜的思路，還有那些忙亂的節奏感慢慢地平靜下來，讓我們專注地聽師父的帶子。在下面的帶子中，師父會給我們介紹幾位偉大的人物，他們為佛教的發展做出了豐功偉績，非常非常值得我們感恩和銘記。那麼下面我們就開始聽第一小段。1'02"

　　那麼在這裡，我也不妨把這個藏傳一系的佛法，簡單地介紹一下。因為這個在我們國內平常是少傳聞，所以我簡單地說明一下。那個西藏的佛法開始的時候，是

音檔　　舊版 1A　15:41～18:26
手抄頁／行　舊版 1 冊　P9-LL3～P10-LL2（2015 年版）
　　　　　　舊版 1 冊　P9-LL5～P10-LL5（2016 年版）

松贊岡布王，那個人，相當於我們唐朝初年，唐朝初年。唐以前是南北朝，南北朝下面是隋、唐，這樣。那麼那個松贊岡布王就是隋、唐那個時候的人，他也是西藏人當中一個雄才大略的君主。那麼，那個時候我們中國也碰見我們所謂唐初，那是中國最盛的時候，唐太宗。所以中國歷史上，不管西藏，有這麼一段佳話：唐太宗的公主文成公主，就嫁給那個松贊岡布王，那個時候進去的時候，帶了很多佛經進去。那個松贊岡布王不但娶了唐朝的公主，另外他也娶了一個尼泊爾的夫人。那麼同樣地，那時候尼泊爾也是佛教的國家，所以從這兩個地方傳進去了大量的佛法。2'42"

好，大家有仔細地聽吧？這個段落我把它分得很短，有點擔心長了之後大家走神。師父說：「簡單地介紹一下，因為這個在我們國內平常很少傳聞。」就是藏傳一系的佛法，我們是很少知道的。我們可以想一想，在很多年前，師父開始不管走到哪裡都帶著《菩提道次第廣論》，他自己學習，然後又開始給大家講《廣論》，開始講了很多次，講到後來都剩下師父一個人。所以到底如何把《菩提道次第廣論》這樣一本精彩的佛教論著介紹給我們這些

漢人，實際上是很有難度的。雖然很多年前尊法師就已經
把它翻譯過來了，所以我們是用漢語學的，但是剛開始看
到《菩提道次第廣論》的時候，大家可能覺得這是一部深
奧的佛教專著，要花下血本的時間才能夠學懂，通常都怖
畏它的深度和學習時間的長度，所以大家都學著學著就沒
有心力了。4'01"

可以想一想，師父在那樣的一種狀態下——大家都不
知道宗大師的名字，也不了解《菩提道次第廣論》，在這
種狀態下他一個人，一次又一次地講、一次又一次地講，
經歷了多少失敗。在面對我們無知的曠野，他沒有任何的
怖畏心，一直這樣單槍匹馬地穿越我們這片無知的黑暗。
所以看到這「很少傳聞」的時候，我心裡還是有一點酸
楚，又非常地感恩、又非常地酸楚，覺得師父真的是很不
容易，才把《菩提道次第廣論》送到你我的面前，送到我
們的心中。4'51"

那麼現在師父要介紹的，實際上是一幅恢宏的歷史畫
卷。這幅歷史畫卷可能是沉重的，但這裡邊也有非常非常
絢麗的色彩。這裡邊就提到了唐朝的松贊岡布王，然後提

到了我們都非常非常熟悉的文成公主。我去拉薩大昭寺禮拜的時候，有看到文成公主帶到西藏的釋迦牟尼佛十二歲的等身像，現在是在大昭寺，原來聽說是在小昭寺，又更早聽說好像是供奉在「鄔仗那」這麼一個地方。5'33"

　　文成公主帶到西藏的釋迦佛十二歲的等身像，大家都知道，宗大師對他獻過五佛冠，把他變成了報身佛的裝飾。據說往昔他也是帶著佛冠的，是遵循往昔的傳統而做的。那供上佛冠的主要目的是什麼呢？符合報身的裝飾這樣的一個緣起，是希望直至輪迴的盡頭之間，眾生的福田能夠永遠堅固地存在，宗大師是為了這樣一個緣起而供的。6'14"

　　那尊佛像，人們每天大排長龍，都去貼金、去禮拜，然後去供養、去祈求。那次我們去禮拜的時候，有幸跟隨著仁波切，排在朝聖隊伍的最前面，因為仁波切，所以大昭寺的法師特別把佛龕的門打開。那一刻，彷彿時光靜止，平常非常地威嚴，也非常慈愛的仁波切，那一刻，居然如赤子般捧著哈達走到釋迦佛像前，他輕輕地把頭俯在釋迦佛的膝前，深深祈禱的身影，今天想來，歷歷在目，

讓我的心靈震顫！當時我也學著仁波切，把頭靠在釋迦佛的膝上祈求。那一刻彷彿萬籟俱寂，好像一個流浪的孩兒，靠在慈父的膝上。只有佛陀萬古的慈悲，充滿我的心，充滿著宇宙。雖然時間不長，但卻在記憶中永恆！7'35"

現在想起來，還是非常感動的。7'38"

另外在拉薩也有看過松贊岡布王，還有文成公主的塑像。可能去朝禮的人都會想要看一看文成公主的塑像，塑得像度母一樣，非常非常地莊嚴！在很多很多西藏人的心中，文成公主像佛菩薩一樣，因為她把大量的佛法帶給了西藏。所以漢傳佛教，由我們美麗慈悲的唐朝公主帶到了藏地，有沒有覺得這是非常美好的佛教史上的佳話！8'15"

佛教的傳承淵遠流長，它能夠綿延到我們現在這個時代，還能聽到從那麼古老傳到現代的這個佛法傳承，很珍貴、也很稀有吧！所以你我共聚此時，聆聽這珍奇的時光，真的是非常地難能可貴！8'37"

請大家繼續聽。8'41"

　　那麼，這個松贊岡布王不但振興了佛法，這個西藏的文字也是那個松贊岡布王時候建立起來的，他特別派一個大臣，到別的地方去，然後學好了帶回來。最後呢，學的是印度，把印度那個母語，經過了他自己的認識以後，適應西藏，造了那個藏文。所以這個藏文雖然跟梵文是不一樣，但是脫胎於梵文，脫胎於梵文。因為這樣的關係，所以它翻譯過去，它有種種的方便。譬如說，拿我們現在的語言來說，你這英文翻成功中文，跟英文翻成德文、法文不太一樣，他們西方語言轉變一下容易，因為他們語言相似，語言相似，就是這個道理，這個我們順便一提。9'44"

　　在這一小段裡，我再提一個問題：松贊岡布王不但振興了佛法，而且西藏的文字是什麼時候建立的？也是那時候建立。那時候有一個大臣叫吞彌桑布札，對吧？非常有名的大臣，他創立了西藏的文字。現在《菩提道次第廣論》被翻譯成很多國的文字，我在很多年前就看過英文的、蒙文的、韓文的、日文的……很多國的文字都有《菩

提道次第廣論》，所以它傳播得是滿廣泛的。10'25"

　　在提到文字的部分，師父都很珍惜字紙，字紙是不亂丟的。為什麼呢？出於對文字的敬重。因為文字的來源也是非常地淵遠流長，也是很不容易的傳承。所以對於字紙，不是隨便寫完了就把它放在那兒，尤其是佛法字紙，都要非常非常恭敬地、好好地放在盒子裡，供在什麼地方。那麼對經典，就要更加好好地恭敬受持！10'54"

　　這裡邊談到藏文，大家都知道鳳山寺很多法師在學習藏文。很多年前，應該是二十多年前了吧！師父就請鳳山寺的法師們開始學習藏文。經過了二十多年的基礎，才有今天的譯經事業，才能翻譯《四家合註》。但是師父在讓我們學習藏文的時候，對於漢語的古文也非常非常地重視。師父認為用漢語來傳播佛法是非常非常重要的，我們寺院的僧人也一定要把漢語學好，而且這是母語，要非常非常地熟練。所以這麼多年過去了，很感恩師父對於建立教法這樣的一個遠見。二十年前學了藏文到現在，我們寺院的很多法師啊，比如說他們可以看藏文的《金鬘論》、看藏文的原典……很多注釋都可以看藏文的原典。這個在

二十年前，到鳳山寺出家的法師是不能想像的；但是二十年之後的鳳山寺，走進一班你就看到大家都捧著藏文書看，幾乎是很普遍的一件事情。12'03"

所以，熟悉一個語言、沿著這個語言理解佛法，這樣的深度和精確度，實際上是一件非常非常不容易的事情。我們寺院的很多法師也都非常非常地努力，希望藉借著自己的努力，能把宗大師的教法更廣泛、更深刻地用漢文自利利他吧，傳遞給很多很多對宗大師教法很有信心的，乃至世界各地各種語系的人們。因為現在僧團裡有法師用英文講法，然後現在應該也有法文、有韓文，可能以後還有很多的不同的語言。所以說很高興有這麼多的語言形式，讓擁有各種語言的人們都能夠接觸到佛法，都能夠去學習如何離苦、如何得樂。所以也感謝佛陀的恩德，感謝先輩祖師他們深深的恩德！13'06"

# 講次 0008

# 靜命蓮師入藏、朗達瑪滅法

線上音檔掃描

好，那我們再聽下一段。0'04"

那麼除了文字以外，制定法律，最主要地佛法那個時候奠了基。之後有一個皇帝叫持松德貞，或叫赤松德貞，這個也是一個非常了不起的皇帝、藏王。那麼他又大大地振興佛法，從印度請了一位大成就者，大成就者所謂靜命大論師，到西藏去弘法。所以西藏的正式有三寶，所謂僧伽等等，從那位大師開始的。不過當時西藏的地方上有一種土著的教，叫作苯教，我們有時候稱它為黑苯教，那個勢力很強，那是民間的鬼神哪這些。所以不但民間反對勢力很強，而且黑苯教的那個鬼神，那

音檔　舊版 1A　18:26～22:42

手抄頁／行　舊版 1 冊　P10-LL1～P12-LL5（2015 年版）

舊版 1 冊　P10-LL4～P12-L9（2016 年版）

個東西還是很有力量的。其實我們現在世間也是一樣，你看什麼十八王公啊，或者什麼，那種鬼神是有他的力量。那黑苯教裡邊，他們還有他們的什麼咒術啊，各式各樣的這種怪招，所以這個佛法剛進去的時候遭到了種種魔難。1'39"

那麼這個靜命大師，這是一位了不起的成就者，就說：「像這種魔難，我沒有力量克服它，現在印度有一位佛教的大成就者——蓮花生大士，如果請到他的話，那一定沒有問題。」那麼，這個藏王就努力就去請。這也是因緣成熟，那個時候那位大師也正好從印度向東方走，那麼正好到尼泊爾，於是藏王派去的使者遇上，就把他請進去。請進去了以後，這個蓮花生大士是顯密圓融的成就者，他有種種的殊勝的方法，所以把那些各式各樣作祟的妖魔鬼怪一一降服，大弘教法，這樣，大弘教法！2'39"

在這裡邊提到了兩位偉大的高僧，一位就是赤松德贊那個時候迎請的靜命大論師——也是從那個時候開始有三寶、開始有僧伽；後來，靜命論師說還是要請蓮花生大

士──蓮花生大士現在我們知道的人就多了，可能二十多年前知道的人也不多。所以這兩位大師都被迎請到了西藏。3'17"

在這裡邊，師父還順便介紹了一下苯教。像以前我也跟師父說我要去哪兒學習呀、去藏地學習呀、學經典啊，那時候師父就非常非常殷重地叮嚀說：「去那麼遠的地方學習的話，一定要跟隨一個善知識！如果不跟隨善知識、自己亂闖的話，實際上到了那裡之後，可能都分不清楚佛教和苯教的出家人，就外表的僧服都看不出來，可能都學了苯教還不知道。」所以師父那個時候就特別特別強烈地建議說，去求法一定要依止善知識，跟隨善知識的指導，不要自己亂闖，因為我們並沒有擇法眼，也不知道當地的狀況是什麼，語言也有隔閡，什麼都是不熟的。所以當時師父還特別特別囑咐說：「一定要跟隨善知識，這樣的話我們才能夠參訪到真正的善知識，才能夠從善知識那裡得到擇法慧，然後去選擇一條真正的求法的路，真正地能夠聽聞到清淨正法的路，而不辜負了大好的光陰。」4'38"

所以在這裡邊提到了這兩位大師，首先把三寶帶到了

藏地，接著降魔呀、做了各種降伏的事業，那就是蓮花生
大士。大家再接著聽：4'51"

不過因為剛開始，初初建立，雖然剛開始建立了，
等到蓮花生大士走了不久，它那個基礎沒有穩固，所以
很快地又衰下來了，衰下來了。再加上過了一百多年以
後，就發生了一個很不幸的事情。就是那個赤松德貞又
傳了幾代以後，我一下子記不住幾代，它那個有一個皇
帝叫朗達瑪，他反對佛法，反對佛法，所以皇家聽了那
個黑苯教的影響，整個把佛法摧毀，整個摧毀。5'37"

那個時候相當於我們的唐朝唐武宗，我們中國歷史
上面也曾經說「三武一宗之難」，那幾個皇帝都是反對
佛法的，以皇家的命令，把廟拆掉，叫和尚還俗。那個
時候朗達瑪也是這個樣，所以把它徹底地摧毀掉。摧毀
掉了以後，後來那簡直是一蹶不振。在我們中國來說的
話，因為已經很普遍了，所以這個三武雖然摧了以後，
還可以恢復一點，西藏簡直是恢復以後就不成樣子。那
麼就這樣，經過了一百多年的時候，那個教法是非常地
亂、非常地亂。平常的時候，大家都是憑個人的想像，

憑個人的想像，所以這個凌亂的情況我們可以想見。
6'35"

　　不知道剛才大家有沒有認真聽喔？在靜命大師和蓮花生大士之後，發生了非常不幸的事情，就是朗達瑪破壞佛法，他破壞佛法的深度是很深的，狀況是很慘的。當時藏區只剩下三位比丘，有出家人想要求受比丘戒，但是因為至少必須有五位比丘才能傳比丘戒，所以就從漢地請來兩位比丘，再加上原本的三位比丘，一起為藏區的出家人傳授了比丘戒。所以到現在藏系出家人的僧服上有一塊藍布，那塊藍布就是為了紀念和感恩漢族的出家人把比丘戒傳給了他們。不知道你們有沒有留心，他們的袈裟上有一塊藍布？可見佛法的弘傳是非常非常不容易的！7'36"

線上音檔掃描

# 講次 0009

# 阿底峽尊者捨壽入藏

　　那時候到朗達瑪再傳的下面，另外有一個藏王，朗達瑪下面那個西藏的政治，這個政治方面發生過一個政變，那我們不去談它。所以那個皇室也就分了幾支，其中有一支靠西邊的，一個國王信佛，那麼一方面是信佛，一方面想到他祖先在佛法上的這種擁護、輝煌，所以他心裡面非常痛心，他就發心到西藏去再去求法。0'34"

　　結果他們祖孫兩代聚全國的精華，花了很長的一段時候，到印度去請了印度的大成就者——阿底峽尊者。阿底峽尊者是印度當年的一個最高成就者，關於阿底峽尊者的內容，我們講到本論的傳承、師承的時候，它有

音檔　　舊版 1A　22:42～25:49
手抄頁／行　舊版 1 冊　P12-LL4～P14-L1（2015 年版）
　　　　　　舊版 1 冊　P12-LL7～P13-LL1（2016 年版）

一個說明，所以我這裡不詳細講。阿底峽尊者到了西藏以後，把佛法振興起來，從阿底峽尊者振興以後的西藏的佛法，叫作新教，在這個之前叫作舊教。譬如我們現在聽見我們這裡國內也有，藏密，所謂寧瑪，就叫舊教，其他的就是白教啊，然後花教、黃教這是新教。新教就是阿底峽尊者以後，經過革新以後的新興的這種，當然佛法的中心沒變，不過它的作法是比較改善了。1'43"

經過了阿底峽尊者這樣一個努力以後，它就復興。復興了以後，但是畢竟前面那個基礎並不穩固，所以阿底峽尊者復興了以後，慢慢、慢慢、慢慢地，又慢慢、慢慢地過了一些時候，又開始有一點衰頹現象，有一點衰頹現象。後來呢又經過宗喀巴大師又起來，宗喀巴大師距離阿底峽尊者是三百多年，不到四百年，阿底峽尊者相當於我們宋朝初年，宋初，那麼這個宗喀巴大師是元朝末年。經過了宗喀巴大師這樣地一次徹底地改革以後，所以西藏的佛教如日中天，到今天已經有六百多年了，已經有六百多年了。宗喀巴大師改革以前，已經是很衰；一下達到那個頂峰，而且能夠維持這個局面，經

過很長一段時候，現在也慢慢地、慢慢地向下。雖然向下，但是它還保持著非常完整的內容在，非常完整的內容在。這一點是我們以前都不知道的。3'07"

接著就講到了阿底峽尊者。如果有看《阿底峽尊者傳》的話，就知道有這樣一位非常了不起的智光王，他因為要去請阿底峽尊者，被鄰國的國王關起來了。因為他準備了很多金子想要去請阿底峽尊者，那個關他的王就說：「你們要拿出跟這個王身高等量的黃金，我才能把你們這個王放回去！」所以他的侄子菩提光王，就去籌黃金，結果籌到了只差一個頭這樣多的黃金。當時智光王、菩提光王他們見面之後，智光王就跟他說：「你還是把這些黃金拿去印度請阿底峽尊者，請大善知識來振興佛法吧！我這樣一條命，你把我從監獄裡帶回去，又對佛法能有多大的幫忙呢？」他是捨命請求善知識來西藏弘揚佛法，所以他的恩德對我們是非常非常深的！4'16"

在《阿底峽尊者傳》中說，也是經歷了很多挫折，阿底峽尊者最後是捨壽二十年來到了西藏。阿底峽尊者來到了西藏之後，就遇到了他的心子——種敦巴尊者，這又是

一段師生的千古佳話。阿底峽尊者來到西藏之後，聽說聶塘有很多花，尊者很喜歡聶塘草原上的野花；還有印度有很多很多大象，西藏卻一隻大象也沒有，所以阿底峽尊者應該是思念故鄉吧！非常想念大象的叫聲，於是弟子們發明了一種長號的吹法，聽起來非常像大象的叫聲，來供養尊者。據說阿底峽尊者每次聽了都很歡喜。5'08"

他住在聶塘寺，為了把佛法傳到這樣的地方，捨壽了二十載。他在印度的時候，身上掛了一百零八座寺院的鑰匙，所以真的是印度佛教的頂嚴，這樣的一位頂嚴要請到西藏，大家可以想像是多麼困難的事情！當初我們玄奘大師去印度，後來回來的時候，不是也有國王因為搶玄奘大師差點刀兵相見嗎？搶高僧！所以迎請高僧是非常非常困難的一件事情，但是他們居然完成了這樣一個偉大的壯舉。5'47"

以前去朝禮聶塘寺——阿底峽尊者曾經駐錫過的寺院，因為那天去得早了，寺院還沒開門，天還有點黑黑的。當時有一些人在寺院門口，好像在烤馬鈴薯，我們一行人就在外面等著，在想什麼時候能開大門，因為我們接

下來還要坐飛機。後來想一想，看來等不到開門了，我就把一串水晶念珠從大門上扔進去了，想說：「啊！供養阿底峽尊者曾經駐錫過的寺院，供養阿底峽尊者。」6'23"

聽說阿底峽尊者不是有一尊度母嗎？有什麼事情，阿底峽尊者都趕快去祈求那尊度母。我把念珠從那個大門上扔進去，然後在門口祈求，因為那個寺院應該是出家人都沒有起來，太早了。然後我就在門口想著要不要走，結果旁邊烤馬鈴薯、烤土豆的那一群人，覺得可能我是從很遠的地方來的，沒有見到可能有點傷感。然後他們就起來一起去敲那個寺院的大門，大概四、五個人一起去敲，說藏文，說：「開門啊！師父！」我想應該是：「開門啊！師父！」大家就一起喊。7'00"

結果喊了一會兒，把裡面的出家人喊出來了，他說：「什麼事情？」我說：「我想拜見那尊度母。」然後那個出家人說：「好吧！那你就跟我來吧！」其實都沒有燈，他當時是拿了一盞很小的油燈在前面引領著我們，進入那殿堂也全都是黑的。他說：「你是不是就想要看阿底峽尊者帶到西藏的那尊度母像？」然後帶著我。因為周圍都黑

的，什麼也看不到，走、走、走，知道是走進殿堂了。然後拿那個小油燈一照，哇！就是那尊度母！它是一尊很小尊的度母像，可能是很多年、很多年了，但是那個寺院還是把它珍藏得非常非常好的。7'45"

然後我就在那尊度母像面前跪下來祈求，他就拿著一盞小燈讓我看那尊度母像，很小尊的！那是阿底峽尊者從印度帶到西藏的，所以看了還是非常非常感動！那個出家人也沒講話，就拿著那盞燈在旁邊照著，等著我們禮拜、祈求。然後等著這所有的祈求完成之後，他又把我們送回去。那個出家人，其實都沒有看清楚他長什麼樣，然後我們就離開了聶塘寺。在離開的時候天還沒有亮，我回頭想看清他的模樣，但是還是沒有看清，後來就趕飛機了。8'20"

可能現在我們聽起來，啊！印度的大成就者來到了西藏這件事，好像像傳說那樣、像一個故事那樣。但是你去過他駐錫過的寺院，你就知道他真的來過！那裡邊還有他隨身帶的佛像，他每天祈求的度母像還留在那裡。所以那個時候就會覺得：啊！滿天滿地都洋溢著阿底峽尊者對我

們的慈悲，把這個傳承從那個時候傳到現在、到你我面前，這個《菩提道次第廣論》，都有阿底峽尊者的傳承。他為了傳這個傳承，捨壽二十載，我覺得我們所有的人都不應該忘記這樣一位大善知識。注意喔！他離開他的家鄉，語言不通、飲食不適應，又想看花，又想念大象的叫聲——在西藏是完全聽不到嘓！氣候可能也是非常不適應吧！所以他是在怎樣艱難的狀態下把佛法傳承下來，用怎樣的勇氣和毅力、用自己的生命把這個傳承傳下來！9'33"

所以祈願所有的大善知識能夠長久住世！也祈願我們所有這些能夠聽到傳承教法的人，能把這樣珍貴的傳承好好地珍惜在自己的心上，好好地受持！因為這就是對前輩祖師們的一種報答、一種感恩。你們覺得呢？9'58"

線上音檔掃描

# 講次 0010

# 效學太虛大師，將教法一肩擔承

　　大家好！很高興又到了我們一起研討《廣論》的時候！0'07"

　　其實每次在上課之前，最好提前有幾分鐘時間讓自己的心寧靜一下，或者認真地策發一下自己的大乘意樂。因為我們平常可能忙的事情比較多，突然開始聽講的話，不知道注意力一下子能不能全部專注上來？如果只要師父的聲音一出現，我們的注意力全部都能夠集中上來，這還可以；但是如果無法集中的話，那麼就要提前準備。這個準備的事情是非常非常重要的！因為一旦準備好自己的恭敬心、虔誠的信心，對法現起了種種勝解作意，那麼我們這簡單的十多分鐘的課，或者一小時的課，它可能會影響我

音檔　　舊版 1A　25:49～27:23
手抄頁／行　舊版 1 冊　P14-L2～P14-LL4（2015 年版）
　　　　　　舊版 1 冊　P14-L1～P14-LL6（2016 年版）

們，成為我無限生命的一個力量。1'09"

那麼為什麼沒有準備、很浮浮泛泛地去上一節課，和經過精心準備的心境、認真地發心，這樣非常殷重地上一節課，對我們生命的影響是天壤之別的？因為我們平常的狀態沒有集中在經典上，比如學習經典它要一個非常恭敬的心，而且要慢慢地學，跟平常做很多事情的速度看起來是不一樣的。因為它需要凝視我們的內心，去看祖師、佛菩薩在說什麼。所以就好像從一個非常非常喧嚷的白晝時光，突然進入到一個明月當空寧靜的夜色之中，心境是非常寧靜、非常愉悅的。打開書的時候比較有耐心，也比較認真地能夠把每一個字聽到心裡去。2'09"

所以我會認為在學《廣論》之前的準備是很重要的，其實就是聽聞軌理。聽聞軌理一旦修成習慣之後，數數思惟聞法勝利，那麼對於大乘發心的策發，正聽聞時聽聞軌理的訓練，乃至聽完之後結行的迴向，其實都有著不可思議的影響。因為這會成為我們的一種習慣！2'37"

比如說我們早晨起來會準備一天的生活，我們上班之

前也會準備，乃至我們上辯論場之前也會準備，我們上背書課之前也會準備。那麼我們上廣論課之前的準備到底是什麼呢？就是思惟聞法勝利。思惟到什麼程度呢？最少要讓自己的心動轉，至少讓它寧靜下來，一會兒聽的時候能夠集中心力。尤其對於自己能夠聽聞佛法的時光，要生起非常非常珍惜的這樣一種心情，很難得、很難得的。就是對師父所講的話、對宗大師的《廣論》，一字一句都不想錯過，要把它非常非常清晰明了地聽到自己的內心之中。3'37"

好！那我們就開始聽一段師父講的《廣論》。3'46"

　　那麼幸好民國初年有幾位了不起的大德，尤其是太虛大師，這個人真是個大菩薩。他以他的心胸，他要全部提起，所以他倡一個口號——八宗並弘。那麼，這個我們換成現代最簡單的話，我要來說一下。平常我們個人修，譬如說他學禪、他學淨，這對我們個人來說，是沒有錯，你可以有成就，而且我們個人修，也必須要走個人的特別的路子，一定是一門深入。但是對整個佛法的弘傳來說的話，這個不夠，這個不夠，一定要各方面

的圓滿配合，這樣。譬如說我們現在來造一個房子來說，或者造一個寺院來說，假定說，我今天在這地方要講修行，你說我造個小茅篷，反正是一間，那麼拜佛也在這裡，吃飯也在這裡，睡覺也在這裡，我只要我的修行成功，就行！可是假定說，你要把那個三寶的形相撐持起來的一間大廟，這個不行；你一定要有大殿，有寮房，有大寮，有各式各樣的配合。那麼佛法也是如此。5'23"

好，上一次師父講了靜命大師、蓮花生大師，然後講到阿底峽尊者、講到宗喀巴大師。現在這幅歷史畫卷又翻到了民國初年有幾位了不起的大德，尤其是八宗並弘的太虛大師。我想有一些老同學可能把這一段也都聽過很多遍了，其實我滿想問問大家的：在這一段裡，我們這一次聽聞，大家會覺得有看到什麼過去忽略過的嗎？就是你忽略的、沒有聽出來的。6'04"

比如師父說：「這個人真是個大菩薩，他以他的心胸，他要全部提起。」全部提起什麼呢？大家的回答是什麼呢？有人可能說是佛教，有人回答說八宗並弘，就是所

有佛教的傳承，他全部要擔在自己的肩上，令它弘傳下去。從這樣一個了不起的大德的心胸和他的擔當，然後師父又講到：「平常我們個人修行，譬如說學禪、學淨，對我們自己來說，是沒有錯，都可以有成就的，而且我們也必須要一門深入。」個人修行要一門深入，但是對於佛法的弘傳來說，注意！師父說：「這個不夠」，又說一句：「這個不夠！一定要各方面的圓滿配合。」7'10"

當初可能在學習的時候，這一段也就這樣看過去，覺得師父在讚美太虛大師，在給我們講太虛大師的胸襟是如此地遼闊、恢宏，如此地承擔佛教的弘揚。可是師父為什麼要講呢？為什麼要為我們講他的心胸，他全部提起，而且還要對我們講自己修一門深入是可以的，但是對整個佛法的弘傳來說，這樣是不夠的，一定要各方面圓滿地配合？7'55"

說到這一點的時候，就想問大家一個問題：法師們、居士們，我們是怎麼看待自己對於佛教發展的責任？比如說自己的修行，和對於佛教的弘傳這個責任感和使命感，這兩者是怎樣結合的？如果我們想要發起菩提心，我們要

去利益法界的有情，那如何令法界的有情都能得到利益呢？就是一定要給他們建立出離心、菩提心、空性的這樣一個道次第的修持啊！所以如何能令廣大有情的生命離苦得樂？那一定要教法的弘揚！所以弘揚教法，其實就是關心所有的生命，就是有這樣一顆廣大的心可以承載很多很多顆心的離苦得樂。9'02"

其實在這個地方，我覺得師父還是透過歷史畫卷的這些傳承祖師的偉大行相，在讓我們看我們該學的人是什麼樣子，他們怎麼樣面對自己的修行，他們又怎樣把佛教的弘揚荷擔在自己的身上，有著這樣的一種氣魄。那麼現在坐在教室裡或者坐在家裡邊，在研討《廣論》的這些同學們來說，我們對自我的修行、對於佛教的發展——也就是眾生的福祉，應該自己有一個什麼樣的發心呢？因為師父講這一段，一定不是只讓我們聽聽就可以了。啊，聽聽「太虛大師好偉大喔！阿底峽尊者好偉大呀！宗大師好偉大！」偉大之後呢？為什麼要給我們聽這種偉大呢？9'59"

所以師父又說：「假如自己修行的話，蓋個房子、造個小茅篷就可以了，反正就一個茅篷嘛，拜佛也在這裡，

吃飯也在這裡，睡眠也在這裡。」像一開始我們剛出來，寺院還沒有蓋的時候，確實就那麼一大間屋子，早課、晚課、中間上課、背書、辯論全在那一間裡邊。那種狀態下，其實如果居士來是完全沒有辦法的，因為沒有地方給大家上課，光是出家人就把整個地板都站滿了，根本沒有居士的立足之地呀！所以要想要弘揚佛法的話，就要蓋一個寺院呀！蓋一個寺院，比如有一百個出家人的話，得有一百個出家人的寮房、一百個出家人的教室、一百個出家人的辯論場，還有護法殿啊、如意寮，還有齋堂。齋堂也要一百人的，然後大雄寶殿至少要比一百人還要多。10'56"

　　所以你要想弘揚佛法，他就說：「各方面都要圓滿配合。」那麼各方面要圓滿配合，有些人就想起來說：「哇，這樣好累呀！」是有一些人很累的喔！但是如果沒有一些人很辛苦地把佛教撐持下來的話，我們怎麼樣能夠現在又學到《菩提道次第廣論》呢？怎麼可能延續到現在呢？師父講的這麼多祖師，把法傳承到現在，你說哪位祖師不辛苦？但是都樂在其中啊！所以正是因為先輩祖師不畏各種各種困難，堅持把佛法弘揚下來、傳承下來，所以

我們現在才有機會。11'39"

　　正是因為有人荷擔著佛法的重任，我們這個所謂的小我，才能在這些大菩薩們的發心之下，我們能有一間自己的課堂、能有一本自己讀的經論、能有一個佛堂在裡邊靜靜地念經，實際上這是好多好多人成辦的。比如我們生在一個和平的地方，這個地方沒有戰亂，所以我們就可以學習；沒有特別地貧窮，我們都可以有吃的、有住的，教育程度也相當地好，我們讀經典還可以。即使班裡邊有不識字的，透過幾年學《廣論》，都會認字了，這也是非常好的——所以要各方面圓滿地配合！12'25"

　　在這裡邊師父就給我們打開了非常廣闊的這樣一個角度，讓我們去看教法的發展實際上需要歷代的大德一肩擔承，把這個教法傳承下來。要有傳承教法這樣的發心，和他們這種堅韌不拔的力量，佛教才能夠傳持到現在，才能夠到了你我的眼前、到了你我的耳畔。所以從這一點來說，師父實際上在《廣論》開始的時候、在每一部分講的時候，都非常非常善巧地擴大我們的格局、擴大我們的心胸，讓我們在整個佛教發展上、在關心所有眾生的福祉

上，去安立自己的修行。13'16"

　　所以我會覺得，師父在培養我們成為發大心的、大乘種姓的這樣一個弟子，他真是太善巧、太慈悲了！在很多很多地方，都可以讀到他那滿滿的心意，和那種有的時候簡直是不露痕跡、悄悄地為我們的心，就好像澆一棵苗一樣，來澆點水、培點土，或者對我們輕輕地祝福，讓我們內心的菩提苗芽，能夠不停地成長和茁壯。再學這一段的時候，再想一想師父他是從怎樣的格局，令佛法弘揚下來？14'03"

線上音檔掃描

# 講次 0011

## 法尊法師譯經——滴滴心血化為字

　　所以像虛大師這種菩薩再來人，他有這樣的願心，結果他門下的弟子，除了我們本來有的台、賢、性、相各方面，以及所謂禪、淨等等。關於密教部分，在我們中國內地，已經失傳很久；以前有，偏於宮廷方面，元、明以來，一直都是這個樣。後來虛大師就為了學這個，派了幾個弟子，一部分向東去學東密，當年的時候是大勇法師什麼，還有呢，後來大勇法師也到西藏去。那麼另外呢，跟大勇法師去，是現在本論的作者——法尊法師。實際上真正到西藏去學藏密的還是有一堆人，而這個裡邊，結果對目前介紹這個藏密過來的，最了不起的一個大功臣，就是那「尊法師」。1'14"

音檔　　舊版 1A　27:23～1B　00:50
手抄頁／行　舊版 1 冊　P14-LL3～P15-L4（2015 年版）
　　　　　舊版 1 冊　P14-LL5～P15-L3（2016 年版）

　　剛才我們聽這一段，說像虛大師這種菩薩的再來人，師父在這一段講了：「密教的部分，在中國內地已經失傳了很久了；以前有，是在宮廷裡邊傳的。」然後講到太虛大師派了幾個弟子去學習密法，其中就有大勇法師啊，然後還有誰呀？就是現在本論的翻譯者——法尊法師。但是師父說真正去學習的還有很多人，這裡邊對目前把藏傳佛教介紹過來的，最了不起的大功臣就是「尊法師」！1'59"

　　提到尊法師，新的同學不知道熟不熟悉，老同學都非常熟了。其實他翻譯了很多很多我們漢傳裡邊沒有的。我今天講一下大家比較熟悉的，譬如說：《菩提道次第廣論》、《菩提道次第略論》、《勝集密教王五次第教授善顯炬論》、《集密五次第教授攝要》，還有《菩提道次第攝頌》、《辨了義不了義善說藏論》、《辨了義不了義善說藏論釋難論》、宗大師寫的《緣起讚》、《菩薩戒品釋》——就是專門解釋菩薩戒的，然後《地道建立》、《二十種菩提心法》、〈十萬頌般若經中一百零八句法的略解〉，還有《上師薈供法》等等。法尊法師也曾被譽為是現在的玄奘大師！當然這裡邊還有《現觀莊嚴論》、《辨法法性論》、《七十空性論》、《精研論》、《四百

論》、《入中論》、《入中論善顯密意疏》、《入中論疏》，還有《阿毘達磨俱舍論釋‧開顯解脫道論》等等。3'09"

可以想像一個人一生啊，從去學藏文到精通藏文、到開始翻譯。他為什麼要翻譯呢？就是為了我們這些漢土的有情能夠了解藏傳佛法，然後做了這麼多辛苦的翻譯呀！現在我們寺院的法師們也在翻譯，我也有參與過一些。在翻譯的時候可以看到真的是滿辛苦的，說「滴滴心血化為字」一點都不過分！有的時候他們都是在學習五大論、辯論完了，早晚課之後再開始翻譯。3'46"

像有的同學從練習翻譯開始，其實都有二十多年的學習生涯了。因為從十多歲到寺院，現在我們譯經院的法師都快四十歲了，所以學了二十多年的藏文。有法師們傳聞說，有的法師做夢都在用藏文說夢話，所以是非常熟練的。但是大家翻譯的時候，還是會遇到比如他們當地的土話呀，我們就不明白了，覺得是什麼意思呢？然後就要請問仁波切呀、請問格西呀，問了之後才會知道當地人都明白的一件事，但是我們漢族人就不懂這是什麼了。可能就

像我是東北人嘛！東北人都明白的一句話，要是講給台灣人的話，台灣人完全不知道是怎麼回事；同樣，台灣人講一句話講去東北，東北人也不曉得是怎麼回事。因為有地域的隔閡、語言的隔閡，所以譯師、去求法的譯師，就對佛教的弘揚發展，應該說建立了豐功偉績呀！4'48"

像以前聽說也有一位去求法的法師，沒有吃的，就只有幾粒豆子，然後每天吃一粒豆子，堅持學習、堅持翻譯，就這樣過了一週啊！所以去求法的時候，比如說去藏地求法的話，首先就是高山症，再一個就是飲食習慣，然後語言關、你的體力、環境各方面的挑戰，這都是譯師們要穿越的。我們寺院的法師，好就好在沒有去很遠的地方學習，就在自己的寺院裡學會了藏文，然後集體翻譯。所以這要感謝師父的恩德、感謝廣大居士的這種護持吧，才有今天的譯經院。5'40"

提到譯經院，大家就會想到玄奘大師啊，想到義淨大師啊、鳩摩羅什大師啊，然後現代的法尊法師、大勇法師等等，這些了不起的譯師。他們辛辛苦苦地用自己生命點點滴滴的心血，描繪了這個傳承的美麗畫卷，讓我們看起

來非常非常地絢麗和感動。所以現在再看到師父介紹：
「最了不起的大功臣，就是那『尊法師』！」唸到這「尊
法師」的時候，心裡一陣的感動、一陣的溫暖，因為他對
我們來說，再也不是一個很陌生的譯師，他是我們生命裡
的大恩人！6'28"

# 講次 0012

# 尋訪善士、廣學教理的宗大師

　　那麼，這個是順便說一下。剛才說到宗喀巴大師，把那個完整的教法提起來了，那麼現在呢，我們也有機會接觸到。雖然它現在已經向下了，但是的的確確把我們中國固有的東西，以及現在這個配合起來的話，我的感覺，不管我們自修也好，對佛法的前途也好，那真是前途無量、前途無量。那麼關於這個宗喀巴大師，他自己本人的成就，我也簡單地說一下，這裡。0'44"

　　宗喀巴大師，剛開始學的時候，他主要的先由基礎上面——教理，教理。所以他頭上多少年廣學各家各派的東西，各家各派的東西。他只有二十剛出頭一點，進到西藏，沒有幾年就全藏聞名，全藏聞名，換句話說，

音檔　　舊版 1B　00:50～02:43
手抄頁／行　舊版 1 冊　P17-L1～P18-L2（2015 年版）
　　　　　　舊版 1 冊　P17-L1～P18-L1（2016 年版）

他這個教理的通達。但是他並不是憑空而來的，以他這樣的一個絕頂聰明的人，他到處去參訪當時的善知識，沒有一個善知識不參訪的，這樣。然後跟他們廣學那些善知識所通達的東西，而學的內容，不拘任何宗派，小乘的《俱舍》，然後呢，大乘的性宗、相宗、因明，乃至密教，然後自己有圓滿徹底的認識。1'53"

好，這一段聽完了之後，師父說：「剛才講到宗喀巴大師，把完整的教法提起來了。」那我的問題是：什麼是完整的教法？第二個問題：什麼是提起來？大家想想喔！2'15"

接著師父講到：「現在，我們也有機會接觸到」，接觸到什麼呢？被宗大師提起的完整的教法，是這樣吧？說：「雖然它現在已經向下了，但是的的確確把我們中國固有的東西，以及現在這個配合起來。」師父說：「不管自修也好，對佛法的前途也好」，師父用了兩次「前途無量、前途無量！」這也是對完整教法的傳承一種美好的、非常真摯的信心，還有對於能對完整的教法有信心、有法緣接觸到的我們，無論我們自修也好、無論我們發廣大的

心也好，師父都說我們應該是前途無量的吧！3'11"

那麼再問大家一個問題：什麼叫「前途無量」？如果你自己修的話，前途無量是什麼呢？對於佛法、教法的傳承來說，前途無量又是什麼呢？3'27"

在下一段又介紹了，說宗喀巴大師在開始學的時候，他主要先由基礎上面的教理，廣學各家各派的教理，所以二十歲剛出頭的時候已經全藏聞名了。注意喔！師父說這個教理他是非常通達的。師父在這裡邊成立宗大師是一個非常聰明，而且是絕頂聰明的人，他到處去參訪當時的善知識，沒有一個不參訪的。那這一句我問大家一下：一般我們都認為無師自通是最聰明的，對吧？那這麼絕頂聰明的人，為什麼還要到處去學呢？4'14"

再問大家一個問題：那是不是因為他絕頂聰明，所以才知道要到處去學呢？然後「廣學那些善知識所通達的東西」喔！那這個人聰不聰明呢？4'27"

「而所學的內容，不拘任何宗派，小乘的《俱舍》等

等，然後性宗、相宗、因明，乃至密教，他都有自己最圓滿的認識。」這麼絕頂聰明的人，參訪了那麼多大善知識，跟那麼多大善知識學，所以最後得到自己圓滿的認識。4'46"

這一段師父有沒有立出他自己的觀點呢？雖然是介紹宗大師的，但是有沒有想我們學佛開始的時候，要不要重視學教理呢？因為還記得師父在上一面提到朗達瑪破壞佛法，後來說破壞得不成樣子，又後來講到有一點恢復。恢復一百多年之後，那個教法也是非常地亂、非常地亂！然後師父用怎樣的語調形容它亂呢？注意聽！注意聽！「平常的時候，大家都是憑個人的想像，憑個人的想像，所以這個凌亂的情況我們可以想見。」注意喔！非常亂、非常亂，大家都是憑個人想像的時候，那已經是亂到極點了，這個見解是在說什麼呢？傳承已經沒有了，對於經典的解釋、論典的解釋，大家都在憑個人的想像。就是想像力怎麼解釋就怎麼解釋，已經沒有師師相承的這樣一個傳承了，那就是亂到極點了！6'05"

那麼今天有講到，宗大師這麼絕頂聰明的人，他到處

去參學當時的善知識，把他們所通達的內容不拘宗派地全部都學來了，就是各個傳承都學來了，所以成為了當時的頂嚴，非常非常聞名！大家學了《廣論》就會看到各種說法全部是有依據的，佛陀是怎麼說的、祖師又是怎麼講的，正確的觀點是什麼。所以佛教是一個非常非常嚴謹的思辨過程，它不是憑想像力而構建的一個玄學，它是非常非常嚴謹的，由於思路、由於抉擇而成立出來的教理。透過跟隨善知識聽聞，聽聞之後得到聞慧，然後再進行思考得到思慧——得到自己不可動搖的這種見解，然後再依照這個來修行轉變。就是聞的時候也轉變心，思的時候也轉變心，再由修再轉變心，完成對內心強大的轉變。7'14"

所以推動命運的那雙手是什麼呢？是思想。那麼思想如何才能夠從片面的、局限的，甚至是顛倒的，變成是廣泛的、全面的、清淨的呢？就是要聽聞教典。所以為什麼佛法亂的時候，它的相狀會是修行人都憑各自的想像？就是沒有一個經典的依據，沒有可靠傳承教法的教理來指導大家的修行，那盞教理的明燈大家已經看不清楚了，所以個人的經驗就變成了好像很重要的事情。所以師父也再再地告誡我們說，像宗大師這樣絕頂聰明的人都去跟所有的

善知識學，那麼又何況是我呢？說學佛法不能夠憑藉自己的主觀臆斷、主觀想像，要看看傳承是怎麼說的、經上是怎麼說的、論是怎麼講的。那麼這麼說有道理嗎？要經過內心的反覆思辨、再再地去思考，所以它會被稱為是智慧之學。8'37"

學了幾年之後，你就會發現自己比過去聰明多了。對事情的判斷力會比過去迅速，對什麼事情都會有非常認真、很負責任的一番探索，不會大而化之。因為《廣論》每行字、每行字，都是要我們認真地探索教理是在說什麼？所破是什麼？所立是什麼？在我們內心的行相又是什麼？你的說法有傳承嗎？有依據嗎？9'05"

所以在譯經院法師們大會校討論的時候，大家都要說：「這句話到底是什麼意思？你這樣說有依據否？他這樣說有依據否？」不會說：「我覺得怎樣、我覺得怎樣……」就算是再來人，正因為他是再來人，所以他更加地重視教典。因為如果教典失傳了的話，我們怎麼樣修行啊？我們怎麼樣知道哪裡是解脫、什麼是菩提心、什麼是空性啊？所以認真地學教理，然後可以使教正法傳持下

去。那教正法能夠傳承下去，就會有證正法。9'41"

　　所以每一個在此時此刻認真地聽師父帶子的我們，都在為傳持教法奉獻出自己的力量，因為我們對這個教法有很大的信心的緣故。可以自己隨喜一下，因為我們不是靠個人的想像力在修行，我們是依照嚴格教理的論典、依靠善知識的講解，然後再反覆、多次地學習。像有的學員已經學二十年了，學二十年了之後，你是會覺得《廣論》沒什麼好學的，還是你會發現太多沒有學懂的？還有師父的帶子，聽了多少遍了？聽了多少遍之後，還會發現其中有自己疏漏的地方，甚至有特別大的點都沒有看到。如果這樣的話，那麼二十年的學習，每一年、每一年它都有不一樣的意義，它不僅僅是一個重複，它是一個遞進，它是必須要進步的一個層次。10'40"

　　我們能學到這種圓滿的教法，而且有這樣了不起的大善知識，把圓滿的教法提起來傳承到我們的面前，所以感謝一切大善知識，尤其感恩那些譯師們，感恩我們的師父。也感恩這個時代，能給我們這樣一個美好的環境，讓我們能夠靜靜地坐在燈下，學著這些聽起來很古老，卻是

充滿時代的跳躍感這樣的智慧,應用起來是如此實用,可是它的傳承真的是淵遠流長。所以好好為自己能夠聞法的時光幸福一下吧!真的是非常感恩!11'32"

# 講次 0013

# 師父講「大師看病公案」的深刻用心

　　那麼說到他這個人的聰明，我講一個故事，很有意思，就是發生在他身上。他那時候剛進西藏沒多久，那麼有一次生了病，去看醫生。看醫生哪，當地都是最好的醫生，就給他看，看完了以後，把完了脈以後就用藥，這用藥大家要討論一下他的病情什麼等等。結果呀，有意思，這個病人，換句話說，就是宗喀巴大師，他也在這個裡邊參加他的意見，欸，覺得這個脈相是怎麼樣，應該下什麼樣的藥等等。哈！結果所有代他看病的醫生，有一個共同的感受，非常驚訝說：「這個年輕人，了不起！不是我在這裡給他看病，而是我遇見了一個最好的，好的醫學教授，上了一課。平常我不懂的東西，被這個病人一講，都懂了！」我們無法想像的這種

音檔　　舊版 1B　02:43～05:11

手抄頁／行　舊版 1 冊　P18-L3～P19-L5（2015 年版）

　　　　　舊版 1 冊　P18-L2～P19-L5（2016 年版）

事情，這是我們絕對無法想像。1'12"

以我們不妨想一想，為什麼要我們想一想呢？就是說，我們經常拿我們的自己的生活經驗所體會一下，那麼才能夠更深入地了解我們要講的特質、內容。所以我們現在不妨想，我們現在看病，跑到醫院裡去，那個醫生不要說不講，就是跟你細細地講，再詳細講，講了半天，你會不會有什麼印象啊？我們一點印象都沒有，因為醫學這個東西非常複雜。我們現在的這個病，他譬如說要看你的胸部，X光照，你一看就可以看得出來。然後實驗報告，說你這個紅血球多少，白血球多少。他可沒有喔，就把那地方，脈這麼一把，要我們自己把，把那個脈，根本不曉得它到底是什麼，只覺得撲通、撲通跳幾下。欸，就這麼他這樣的一個年輕人，他就是能夠了解這個，而把當時的名醫，都這樣說服，這是實在絕頂聰明，這樣的一個人！所以我們從這個地方，可以了解，這樣的聰明人，然後廣學——從小乘開始，到性、相，各宗各派。2'29"

好！我現在問大家一個問題：講宗大師的功德、講宗

大師聰明絕頂的時候，你們會不會想到師父為什麼會講了這樣一個公案呢？其實宗大師的功德，講、辯、論著都是無與倫比的，那麼為什麼師父講了一個看病這樣的公案呢？你們心裡有這樣的疑惑嗎？有什麼答案嗎？2'57"

那我現在再問大家下一個問題：如果講宗大師講、辯、論著這樣的功德，我們能不能從我們的經驗裡，去體會到宗大師有多了不起呢？我們有沒有講、辯、論著這樣的經驗呢？如果沒有的話，如何去類比出宗大師的絕頂聰明呢？3'20"

這樣的一個角度，是否可以理解師父為什麼從這個角度講宗大師的功德？因為至少我們都去醫院看過醫生，看醫生的時候我們還能參與意見，這是不可能的事情！不要說專家級的名醫，或者最厲害的醫生雲集的專家討論會，就是一個普通的醫生給我們看病，通常講了半天我們也不明白，就是給什麼藥、吃什麼藥，應該是這種狀況吧！就只有用一個看病這樣的例子，我們才會從我們平常的經驗之中去類比一下，這樣一個年輕人——就是大學生啊、中學生這樣的年齡，就可以參與到對於病理狀況啊、藥劑狀

況的這種專家級的討論；而且下一步是被專家級的佩服，
說一個非常非常厲害的醫學教授、最好的教授。而且是給
專家上了一課，平常不懂的東西，被這個病人講了一下，
都懂了！成為專家級的醫學教授了。4'27"

這種事情如果發生在哪個大學裡的大學生的話，可能
會令整個醫院、令專家滿震動的。那麼假如我們是在專家
系統裡，也會很驚愕的，因為他不是這個系統的人。在醫
學領域，宗大師都能夠這樣子；就以這樣的聰明程度，再
在他擅長的這個聞思修、講、辯、論著的領域裡，那真是
大鵬展翅，不可思議的高度！不知道你們可不可以認同我
這樣的理解？大家認為呢？5'03"

我覺得師父非常非常貼緊我們的現狀，因為我們無法
了解講、辯、論著的功德到底有多高！怎麼樣去想像呢？
除非你有一點點經驗。所以特意找了這樣一個看病的例
子。你們認為呢？5'21"

「而把當時的名醫，都這樣說服，這實在是絕頂聰
明」，最後師父結論到哪裡呢？「這樣的一個人！所以我

們從這個地方，可以了解」，可以了解他就這麼聰明！
「這樣的聰明人，然後廣學──從小乘開始，到性、相，
各宗各派。」以這樣的聰明程度、以那樣的用功程度，然
後那麼廣泛地參訪所有的善知識去學習，那可以想像他對
教理廣博聞思的程度，達到一個頂級的狀態了！5'59"

那麼下面又是一個問題了：為什麼要一直講宗大師絕
頂聰明？越講宗大師絕頂聰明，我們就會覺得：「啊！這
是聰明人能走的，我這麼笨的是走不了的！」會不會有這
樣的想法呢？因為那都是佛菩薩示現的才能走的，我可能
走不了。當我們遙望星星的時候，難道僅僅是為了證明我
在地上多麼渺小嗎？佛陀夜睹明星開悟了，我們看到星
星，只會想到自己的渺小，還是也會想到很多？建立生命
的宗旨啊，或者想一想：這個絕頂聰明的人，來到這個世
界上廣學各宗各派，用了難以想像的努力，為我們示現了
講、辯、論著不可思議的種種功德，那他來這邊就是為了
表現一下他多聰明、多有智慧，然後就走開了，就是這樣
表現一下嗎？日、月、星辰難道是為了自己的光明而顯現
的？還是為了能夠給我們照明而出現的？7'13"

　　再一個問題！「他這麼絕頂聰明，那我太笨了！」我太笨了，然後呢？「所以我就笨下去吧！」或者說：「這是聰明人走的路，我就不走這條路。」還是會覺得：「這麼聰明的人都選擇走這條路，何況我這麼笨的呢？我更要跟著聰明人走了！」這裡邊有好多種思路。有在想嗎？看到了聰明人會絕望嗎？還是看到了聰明人來帶領我們，我們會感到希望？難道我們喜歡被不聰明的人帶著嗎？被不博學的人帶著，我們喜歡追隨這種人嗎？當然不是吧！如果追隨一個不是絕頂聰明、廣學多聞的，我們有什麼成長的空間呢？8'09"

　　我剛才提到，為什麼不在這裡邊講說宗大師講、辯、論著的功德，而是要說看病？現在能提出這個問題的人，是不是了解了宗大師講、辯、論著的功德了，對不對？然後才能夠提這樣的問題。可是三十年前，師父在講《菩提道次第廣論》的時候，有人知道宗大師嗎？我們對藏傳佛教了解的是多少？心裡應該有很多排斥吧、有很多誤解吧！怎麼可能了解到宗大師還有講、辯、論著等等不可思議的功德，怎麼可能去知道他可以一天講二十一部論？然後他可以巡迴辯論《現觀》十一遍，到多少個寺院去巡迴

辯論，他每天要背多少書，這個我們是不知道的，也不知道看書！這是師父講了三十年之後我們再來學，有一些學過的同學會提出問題：「為什麼不講講、辯、論著的功德？」9'15"

當時要是講了，講、辯、論著的功德，大家又會生什麼想法呢？講、辯、論著！我要學這樣講、辯、論著，太麻煩了吧！念一句阿彌陀佛就可以了，這多省事的求解脫的辦法呀！是拒絕聞思經論的。我們覺得學習經論是很麻煩的，我們會找捷徑去取得修行的成功。也沒有想過很多向內調伏啊，乃至到底用什麼樣的發心念這一句佛號，才能真的跟阿彌陀佛相應啊、跟西方極樂世界相應啊……很多東西。沒有對教理作過詳盡地聞思，我們就會覺得：「哎！就是那樣一回事情！」9'57"

在那樣一個時代，師父想要引導我們慢慢地走近宗大師，心裡不要有太多的排斥，所以才講到了這樣一件可以成立宗大師絕頂聰明的事情。你們會不會覺得師父是為我們貼身設計呀？三十年之後，現在學五大論的這麼多了，宗大師的功德、父子三尊的功德也了解很多了。想想當

時，他就是千里獨行啊！征服的就是我們無知的曠野，一個人在漢地講！難道不是嗎？10'38"

再問大家一個問題：在師父決定講這本《廣論》的時候，他對宗大師的功德了解得有多深？我們就試想一下，有讀過廣傳嗎？讀過略傳嗎？讀過《應化因緣集》嗎？如果不是深深地為宗大師講、辯、論著的功德所崇仰，怎麼可能挑起這麼重的擔子——到一個人們都不知道他的地方，為我們講述《菩提道次第廣論》？所以他了解宗大師的功德一定是非常非常密集、非常非常多的，但是他卻講了這個！來我們這邊，我們那時候是沒有多少人知道的，所以就等於心裡好像有海一樣的含量，只給我們餵一滴水。根據我們的吸收量、信心的程度，合量地給我們設計的這樣一個法宴。想想這是何等的用心啊！11'46"

再想想，我們很多帶班的班長啊，自己考慮考慮自己去帶班的時候，都是一種什麼樣的發心呢？是完全為自己班裡的同學能不能吸收師父講的這一段考慮呢？還是有很多「我要把這段講得好」、「我要把我理解的東西講出去」呀？是完全站在聽聞者是否能理解的角度考慮，是否

令聽聞者得到最大的利益？還是有的乾脆就上去炫技——不管能不能聽懂，反正我把我知道的全部都講一遍！講很多很多，可是並不適合大家。12'23"

所以常常說，做一件事情要有一個無染的發心、有一個極為純淨的利他心。從這樣一個小的、師父選擇的這個公案裡邊，是否可以體會到一點？師父了解那麼多，所以他才把這本《廣論》珍惜成這樣子，才不顧一切地給我們講。不管多少次失敗，他還是要給我們講，一定要講到我們能夠生起信心！那個時候他的心應該是堅定、不可動搖。就像我們用我們這個非常非常短淺的智慧去揣測一點點的話，他應該是對宗大師功德的認知已經是不可動搖的，所以才會有如此的勇氣、毅力，用這樣慈悲的心一直講、一直講。13'06"

所以我們能看到的、我們能理解到的善知識的恩德，他對我們的慈悲，總是很局限的。但是正因為我們看到了這種局限，我們可以去想像，還有多少是我們沒有體會過的，甚至連動念都沒有去想的？他講這一個例子到底用了多少心思？在我們這一生，乃至無量劫的無上菩提的這條

路上，他為我們詳盡地打算了多少？一定比自己打算的多，這是肯定的！因為我們不懂求無上菩提。13'47"

再想一想，從無限生命的角度來關注我們，在生生世世的這樣一個努力上，這又是他多少次的宣講、多少次的為我們考慮？多少次的考慮我們的吸收量、理解程度？怎樣才能應機、怎樣才能讓大家歡喜地聽完，這又是多少次考慮了呢？所以為什麼說法恩這麼深、這麼重，一字一劫呀！所以要好好地學習呀！14'29"

# 廣海明月

——道次第廣論講記淺析

第一卷

廣學經典是破除
無明的第一步

線上音檔掃描

# 講次 0014

# 無明才是痛苦的根本

　　我為什麼要提這個事情？這個地方，大家停一下，讓我們自己做個警惕：我們現在在這個地方，來幹什麼？修學佛法。你為什麼要修學佛法？說目的我們已經了解了，那麼為了達到我們去苦得樂的目的，我們有一個認識，說我們所以得不到的原因，因為對於很多事情，沒有正確的認識，一個專門名詞叫「無明」。換句話說，我們在無明當中，我們的概念，我們的執著，我、我、我！這個東西都是錯誤的根本，痛苦的根本在這裡。唯有一個有正確認識的人，指導了你，你了解了你的錯誤，那個時候心裡面想排斥這個錯誤。不但如此，還要進一步地認識怎麼樣才是正確的，然後照著正

．

音檔　　舊版 1B　05:11〜06:17
手抄頁／行　舊版 1 冊　P19-L6〜P19-LL3（2015 年版）
　　　　　　舊版 1 冊　P19-L6〜P19-LL3（2016 年版）

確的去做，那個時候，你才能夠轉化得過來。這個道理很清楚，這個道理才是我們真正第一步應該擺在心裡想一想的。1'06"

這一段不知道大家有沒有特別認真地聽？師父剛剛講到1B，第一盤磁帶，師父就說：「我為什麼提這個事情？」這個地方注意！師父說：「大家停一下。」師父說了「停一下」！需要停掉什麼東西呢？剛才講了宗大師絕頂聰明的公案，不知道師父是不是又想到我們心裡可能泛起很多東西，然後馬上就調整現行了。說停一下，是什麼東西停一下呢？停一下我們內心中正在進行的那個續流。1'48"

然後接著師父說：「讓我們自己做個警惕。」警惕什麼呢？就是：「我們現在在這個地方，來幹什麼？」師父又提出這個問題。就是此時此刻是誰在這裡？那大家一定答說是「我」！然後「我」在這個地方幹什麼呢？答案：「修學佛法。」再問：「為什麼要修學佛法呢？」說目的已經了解了，是為了去苦得樂。那我們有得到快樂嗎？沒有！苦去掉了嗎？沒有！為什麼呢？師父說：「我們有一

個認識，說我們所以得不到的原因」，到底是什麼呢？有
講吧！說為什麼得不到的原因呢？「因為對很多事情，沒
有正確的認識，一個專門的名詞叫『無明』。」師父說：
我們在無明當中，概念執著我、我、我！這個東西是錯誤
的根本，痛苦的根本在這裡。3'03"

　　注意喔！剛才上一段講到宗大師的功德，師父小心翼
翼地給我們講了這個例子，讓我們去認識一位絕頂聰明的
善知識他的智慧、聰明程度。到這裡，你看師父，我覺得
又非常勇猛地直接劈向我們的內心。說你在想什麼呢？注
意！到這兒來做什麼了？馬上提出此時此刻的「我」在幹
什麼？我的目的是什麼？那麼為什麼沒有得到快樂、為什
麼沒有離苦？師父直接把「無明」這個概念就在第一盤投
到我們眼前了。3'42"

　　大家都知道無明的概念是在十二因緣那兒才出現的，
他在第一盤就一下子推到你面前了！應該說擲地有聲，嚇
我們一跳──無明！什麼無明？我們所有的錯誤都是無
明！什麼是無明啊？然後師父說痛苦的根本就是這裡。聽
了這之後有幾人相信啊？說：「無明是什麼東西呀？為什

麼它是痛苦的根本？」我們痛苦的根本不是某人某人沒理解我呀、錢賺得少呀，或者我不要去做我不喜歡的事情，我要去做我喜歡的事情啊！或者我被人家背叛啦，我被騙了！這些是痛苦的根本啊，對不對？還有說：「要學五大論很辛苦啊，提不起心力來的時候還要去聽、還要去辯論、還要去背書，這都是痛苦啊！」為什麼無明是痛苦的根本？我們會相信嗎？4'43"

再說什麼是無明啊？師父說：「我們的概念，我們的執著，我、我、我！這個東西就是錯誤的根本，痛苦的根本就在這裡。」如此地大刀闊斧、如此地勇悍，在第一盤磁帶就把「無明」和「我」這個概念直接拋出來，實在有點像驚天的炸雷一樣炸在我們面前。5'10"

當然在第一盤聽的時候，也有人會對這個點就全部錯過了，因為一開始聽《廣論》的時候，很多人就是喜歡聽，高高興興聽完一輪，其實沒記住多少，就是高興，歡喜心是有了。再細細地學的時候我們會發現，我們其實忽略了太多，沒想到 1B 就把「無明」拋出來了，就讓我們認識到這個根本。實際上你要再找痛苦的根本的時候，你

對這兩個字是會非常深刻的，就像在黑夜的閃電一般明晰那樣的深刻程度。「無明」是什麼？為什麼我執著的「我、我、我」成了痛苦的根本呢？我們的痛苦的根本不都是外在的條件、外在的人，甚至疾病、環境等等，都是這些東西導致的嗎？為什麼「我」成了痛苦的根本呢？所以一定是有一大堆問題，如果就這個問題我們去糾結的話，一定會引生很多很多迷惑的問題。6'11"

這可能師父又會說了：「停！要警惕一下。」我們會發現：「什麼是無明」後面跟著很多很多疑問，什麼都不明白！這個時候師父就說：「那你什麼都不知道怎麼辦呢？」「唯有一個有正確認識的人，指導了你，你了解了你的錯誤。」因為剛才我們就是不了解，我們不承認呀！「你了解了你的錯誤，那個時候心裡想排斥這個錯誤。」注意！看到這兒的時候不知道有沒有疑問？了解了錯誤，到排斥錯誤，其實可能有很長的距離喔！本身了解錯誤就要很長的距離，有些人不覺得，甚至不知道錯誤在哪裡，都在外境上找、在環境上找。而在自我身上去找錯誤，去找下一段生命的一個希望點、一個起飛的點，有多少人呢？因為我們的身語意終究都攀緣在色聲香味觸法，執著

在這上面，有多少心力讓所有的精神回歸自心？可能就喝一杯茶的功夫，會靜一靜嗎？連吃飯也變得很匆促、工作也很匆促，跟別人講話呀、做什麼，都是在一個忙亂的節奏之中、緊張的節奏之中，甚至是焦慮的節奏之中，我們如何停啊？如何警惕自己在做什麼？7'41"

所以，又有多少時間去想：現在的痛苦可能是由於我的錯誤導致的，那「我」是什麼錯誤？用多少時間去了解自己錯誤的行為方式、錯誤的語言方式、錯誤的思路？因為一定是錯誤的思路導致的。一開始想問題就想錯了，所以後來都不是自己想要的那樣子。在人生匆促的腳步中，我們有多少時間停下來，在夜晚看一看天上的星星？地上的人們忙成那樣子，碰到月圓的時候，有多少人去欣賞那麼漂亮的月亮在天上？在寂靜的夜空中，那皎潔的月亮那麼美，其實也沒有多少人有時間欣賞了。我的意思是說，在月亮、星光和日出被忽略的時候，我們的身心也被忽略了。我們只是隨逐著一個忙亂的時代腳步、生存的腳步，一天一天、一天一天地這樣過下去。有認真地想一想：我來幹什麼？我此生的目的是什麼嗎？8'56"

　　有人覺得這問題都是哲學家想的。哲學家為什麼要想這個問題？難道不是想要生命變得更美好嗎？每個人都想要生命變得更美好、生活變得更美好，提升生命的質量，所以全部都在忙。有時間想「無明」嗎？有時間探討這痛苦的根本嗎？甚至從未聽聞過。「什麼事情？無明和我是痛苦的根本，是錯誤的一切？」這件事簡直是太稀有了！如果不是師父在這裡提出來，我們終其一生乃至生生世世，怎麼會想這個念頭呢？怎麼會知道這個信息呢？如果他不來告訴我們，我們怎麼樣知道呢？9'47"

　　所以了解錯誤這個過程，就是要一個知道錯誤、又改了錯誤，有經驗、又肯告訴我們的人告訴我們才知道。然後我們知錯了就會改，當然會排斥錯誤。如果不知道錯是不會想改的，因為那不是我的錯呀，那是很多很多很多的錯呀，不是我的錯；是他們改了，我的生命才會變得美好，為什麼是我要改我的錯呢？而且這個錯非常地古怪，居然是「我」，居然是「無明」！好像跟什麼事都沒關係，好像是個概念、是個推理，這事情就更令人難以捉摸了！10'31"

所以想探索的人就要沿著探索下去——為什麼高僧會指出生命的痛苦是無明？10'39"

線上音檔掃描

# 講次 0015

# 參加廣論班，用佛法改變生命

　　好，我們前一段是用了很大的力氣才知道，了解了錯誤，然後才想排斥錯誤，這就夠了嗎？還是不夠！師父又說：「不但如此，還要進一步認識怎樣是正確的。」知道是對的就可以了嗎？還不行，還要照著去做。了解了什麼是對的，建立了正確的概念和思路，接著這些思路要指導我們的行為。就像一盞燈照亮路，然後我們要在這路上走下去，要邁腳、要抬腳、要走！所以「照著正確的去做」，注意！師父結論：「那個時候，你才能夠轉化得過來。」請問轉化什麼呀？轉化什麼呢？轉什麼？我不知道你們在聽的時候會有多少答案？比如說從錯的轉到正確的來，這是一種答案。還有什麼？轉苦為樂，是嗎？終於找到正確的得到快樂的方式了，我們丟棄了以為快樂、實際

音檔　　舊版 1B　05:11～06:17
手抄頁／行　舊版 1 冊　P19-L6～P19-LL3（2015 年版）
　　　　　　舊版 1 冊　P19-L6～P19-LL3（2016 年版）

上是痛苦的思惟模式和行為模式，那個時候才能轉化得過來！看看這次第喔！這次第是井然有序的，師父娓娓道來。1'22"

接著師父說：「這個道理很清楚。」請問誰清楚呀？師父知不知道我們不清楚啊？但是師父在這裡說：「這個道理是很清楚的。」因為大家都知道，要了解無明就要了解空性，空性就是整本《廣論》後面毗缽舍那的部分，也是整個《般若經》、《金剛經》，還有很多經所闡述的內容。師父說：「這個道理很清楚，這個道理才是我們真正第一步應該擺在心裡想一想的。」第一步喔！什麼是第一步啊？是坐在課堂裡的第一步、研討的第一步，還是人生來應該先想這個問題？當然我們小的時候無法想，聽了之後才會想。想什麼道理呀？痛苦的根本是什麼？為什麼一直要離苦得樂達不到、這麼苦澀？是哪裡錯了嗎？每天拚命地忙就是為了求快樂，為什麼這麼多苦悶？是哪裡錯了嗎？2'36"

如果總是環境錯了，環境好了我們才會快樂，一直沿著這樣怪外境的思路活下去，有沒有希望得到快樂和滿足

呢？如果是快樂和痛苦出在我們的思路上，出在我們對事物的認知上，我們並沒有找到快樂的因和痛苦的因，我們努力的一起首就是錯的話，那肯定最後得不到啦！所以師父在這地方讓我們停一下、讓我們警惕一下什麼呢？方向！思路的方向——也即人生的方向！如果那麼想離苦得樂，一定要知道什麼是苦、什麼是樂，然後才開始行動比較正常吧！所以這件事是否在學佛、在開始探討離苦得樂這個問題的時候，第一步應該擺在心裡想一想的？3'33"

那我再反問大家：我們有時間把這個問題擺在心裡想嗎？再問：有能力擺進去嗎？有位置嗎？有空閒嗎？心裡被很多東西充滿，有一個小小的空隙擺進去無明和苦樂等等這些問題，有沒有時間想？如果師父沒有給我們講《廣論》、沒有這麼多的研討班，我們有沒有時間想？大家每週辛辛苦苦不管從多遠坐車呀怎樣怎樣，都去研討班裡學習，花三個小時。還有的人輪流參加很多班，從週一到第七天全部都在參加班，他學不夠，各個次第的班他都參加，都在想這個問題吧？4'23"

所以，廣論班是什麼地方呀？比如現在我們聽聞的時

候，就是在這個五濁的塵世中，在這忙亂、匆促的腳步聲，在這個時代非常非常喧雜的各種聲音中，擺上這一本《菩提道次第廣論》，然後傾聽師父說法的聲音，讓我們得到那一方寧靜。哪怕是很短，也要思考一下：無明是什麼？苦樂的問題是什麼？我們必須給自己贏得時間去思考這個問題，因為這個問題真的很重要！所以師父說：「第一步要擺在心裡。」一定要擺進去，不要沒有時間擺進去！而且一定要想了又想，然後反覆地探索才成。難道不是嗎？5'13"

所以想一想：如果沒有廣論班、沒有僧團，我們哪有時間去探討這個問題？沒有時間去觸及生命最重要的問題，難道不悲哀嗎？那麼現在我們擁有這樣的時間、擁有這樣的因緣，而且這麼多好朋友都在一起討論，難道不應該珍惜嗎？每個人是有每個人的習氣和毛病，有你看不慣的地方，就像你身上也有別人看不慣的地方，大家都相忍著在一起組成一個班，然後互相觀功念恩、互相隨喜，堅持了很多年。所以想一想：從最初什麼也不懂，對「菩提道」全都不懂的狀態下，現在我們可以讀廣傳、傳承祖師傳、各種傳記，甚至都學到五大論了，都開始上攝初班、

攝中班了！6'07"

　　如果沒有師父的步步引導，我們如何在這樣煩亂、繁忙的一生中，能有這樣的時間來讀經典哪！什麼是經典呀？經歷了世世代代的更替、永遠閃耀的人類智慧，就是那些智者的頂嚴留下來的叫經典啊！我們哪有時間會遇經典？而且有一位高僧一句一句講給你聽，還怕你心裡有反感，想各種辦法，就像一個慈母餵一個生病的小孩一樣，想各種辦法——哎！包個糖衣，然後怎麼樣給你吃點好吃的。6'45"

　　像我小時候是不願意吃藥的，我每一次吃藥都哭，絕對不吃藥！我爸就把藥放在嘴裡，說：「你看啊！這是甜的喔！」然後我爸就先吃。所以我每次吃藥，我爸爸都吃很多藥，然後我才能吃下一粒。我爸爸把那個藥含到嘴裡，我就去扒我爸爸的嘴巴說：「你到底是放在舌頭底下，還是嚥進去了？」我一定要把我爸爸的嘴翻遍了，發現藥確實是嚥進去了，然後我才會吃下一粒。所以那就是幼稚的孩童啊！根本不了解父母的心啊——為了吃藥治病。佛菩薩就像父母一樣，就是想要照顧我們的法身慧

命，想盡辦法引領我們走無上菩提之路！這個深恩啊！你我豈能忘懷呀！7'32"

從前一段講宗大師的功德，說他是一個絕頂聰明的人，到這一段提出了無明。那我們學了這兩段之後，到底應該注意什麼呢？可以想一下：那麼絕頂聰明的人，廣學教理去做什麼了呢？絕頂聰明的人應該知道做最重要的事情——就是離苦得樂的第一步，乃至最究竟的一步。那麼為什麼要依止各大善知識廣學？為什麼要廣學呢？他廣學的經論跟苦樂有沒有關係呢？離苦得樂一定要廣學嗎？那麼絕頂聰明的人，難道不是很容易就獲得嗎？為什麼還要廣學呢？那麼這樣的廣學，為現在的你我樹立了一個什麼樣的榜樣呢？這樣的廣學針對離苦得樂有幫助嗎？甚至是唯一的嗎？廣學就可以破除無明嗎？是破除無明的第一步嗎？8'52"

我是在講宗大師的示現。學經典和苦樂有沒有關係？學經典究竟可不可以去除痛苦，可不可以得到究竟的快樂？是不是離苦得樂的途徑？如果是途徑的話，我們拿多少時間來學習教典呢？如果說它是途徑，為什麼它是途徑

呢？因為痛苦如果源於顛倒的認知、源於錯誤的看法，那麼把錯誤的看法顛倒過來的那個就是最重要的。那麼誰的語言、誰的勸說、誰的話語、誰的經典，可以讓我們把心中的錯誤改變呢？說：「法、佛法！」法有什麼樣的作用？能不能改變我們？能不能救護我們？法的定義喔！改變我們什麼呢？一定是改變苦的，然後把沒有得到的快樂得到，這叫改變。救護，救護是什麼意思？如果活得好好的，救我幹什麼呀？一定是從苦的地方救走，救到樂的地方，所以這是法的特質。10'14"

　　那麼宗喀巴大師廣學多聞的一定就是法，學了這樣的法，就是要用來離苦得樂的。所以師父講了無明，也是要我們用來離苦得樂的，不僅僅是講個道理。雖然看起來像道理，但是你把這個道理實踐了之後，它就是力敵千軍的離苦得樂的那個力量。10'37"

　　短短的兩段，師父在這裡顯示了「法」的力量。大家要在我們的生命中認知到，善知識最深的恩德就是為我們說法。那麼法對我們生命改變的力量到底是什麼？它的定義就是改變和救護。改變什麼？痛苦的現行，乃至我們趣

向痛苦的方向都一併改變。救護什麼？把我們從各種非常可怕的悲傷、焦慮、失落、渺茫、孤獨感等等，這是情緒；還有對死亡的恐怖、對病的恐怖、對失去親人的恐怖、對失去愛的恐怖、對失去錢財的恐怖……，太多恐怖了！救什麼呀？救我們於各種怖畏之中。還有人害怕名聲變不好——叫「惡名怖」，太多怖畏的人生！所以要把我們從那些怖畏之處拯救出來的，就是「法」！「法」有這樣的功德。所以善知識才為我們說法，大家才雲集起來一起聽法、討論法，這是一件多麼有意義的事情！所以大家一定要堅持學下去，要把這件事擺在生命的一個相當重要的位置。是不是應該這樣子呢？12'16"

線上音檔掃描

# 講次 0016

# 目的是學佛，實際上是「學我」

在聽下一段之前，請大家把我們上一次研討的這一小段背一下！因為我覺得這一小段非常非常地重要，所以我常常要求大家能夠背一下，或者至少你非常地熟練，最好背一下！現在請大家背給我聽聽！0'22"

（法師背：我為什麼要提這個事情？這個地方，大家停一下，讓我們自己做個警惕：我們現在在這個地方，來幹什麼？修學佛法。你為什麼要修學佛法？說目的我們已經了解了，那麼為了達到我們去苦得樂的目的，我們有一個認識，說我們所以得不到的原因，因為對於很多事情，沒有正確的認識，一個專門名詞叫「無明」。換句話說，我們在無明當中，我們的概念，我們的執著，我、我、

音檔　　舊版 1B　06:17～07:16
手抄頁／行　舊版 1 冊　P19-LL2～P20-L7（2015 年版）
　　　　　　舊版 1 冊　P19-LL2～P20-L7（2016 年版）

我！這個東西都是錯誤的根本，痛苦的根本在這裡。唯有一個有正確認識的人，指導了你，你了解了你的錯誤，那個時候心裡面想排斥這個錯誤。不但如此，還要進一步地認識怎麼樣才是正確的，然後照著正確的去做，那個時候，你才能夠轉化得過來。這個道理很清楚，這個道理才是我們真正第一步應該擺在心裡想一想的。）1'51"

背得還是滿準確的，一個字都沒錯，對不對？一定要把它記熟喔！好，我們現在一起來聽下一段。2'01"

所以我們記住，我們現在跑到這地方來學佛，我想沒有一個人不同意，大家都會這樣想。不過這地方呢，我們進一步地檢查一下，實質上的內容，我們跑到這裡來，是不是真的學了佛了？這是個大問題。以我自己的經驗來說，我們來的目的是學佛，我們也這麼說，可是實際上我們學的是「我」。欸，你們會想，為什麼講學的是「我」？我現在仔細分析一下，你們也可以把它看成道理來看，也可以把它看成功學佛來看。假定你把它看成學佛來看，你就受用了；假定你只是把它聽作道理來聽，那我也在這兒浪費，你也在這兒浪費。那麼下面

> 我就說，我們往往跑到這地方來，我覺得，我覺得我要
> 這個樣走，我要這個樣學，我要這個樣學。是不是大家
> 都有這樣想法？我想有。本質上面，應該就是說我有這
> 樣意志，要學到什麼。3'01"

提一個問題，不知道這樣很快地聽一遍，大家會有多
少印象？以前在廣論班的時候，我們常常一遍沒聽清楚，
然後再聽一遍、再聽一遍。有的時候聽了七遍，還有同學
有一個觀點聽不到，後來最多的時候聽十二遍，還有聽不
到的！是器漏嗎？還是專注力不夠？重複這麼多遍，應該
專注力還是滿夠的，但是總會忽略掉一些什麼。3'36"

師父在這一小段的開頭說：「所以我們記住」，注
意！他是根據前邊來的，「要把這個道理第一步擺在內心
裡想一想。」然後「所以我們記住」，注意！記住什麼
呀？「我們現在跑到這地方來」，兩個字——「學佛」，
師父說：「我想沒有一個人不同意，大家都會這樣想。」
大家都認同：對，我們跑到寺院是來學佛的！至少我們跑
到廣論班的課堂上，是來學佛的！4'17"

但是問大家一個問題：為什麼師父說：「所以我們記住」呢？為什麼還要說：「要記住」？比如我們小的時候，剛開始上學校的時候，可能父母親會提醒：「記住喔！今天你要上學，你不能去玩喔！」而且有的時候會說：「你記住，要背書包喔！」因為有的小孩自己就走了，他不知道要背書包。所以師父在這裡提出：「我們記住，我們跑到這地方來是來學佛的。」是不是有時候我們會忘記我們是來學佛的？有這種可能性嗎？忘過嗎？5'01"

那麼忘了的時候，到這兒來做什麼呢？5'08"

很多年前吧，那個時候提到一個供養的概念。其實大家能夠遇到《廣論》、學《廣論》，都是非常有善根的，但聽說有些人學到中士道的時候就學不了了，還有的人學到什麼地方就會脫班了，根本問題其實不是外在的什麼大事情，只是缺乏資糧。如果在這個廣論班開始的時候，就注意到認真地集資、淨懺，其實不管學到中士道、學到上士道，甚至很多輪你都不會離開這個班級，你只會在這個學習的進程之中。那時候我就強調了供養三寶的重要性。5'52"

　　有一次師父就跟我說：「你要再說一下供養三寶的重要性。」那時候師父是希望我對僧眾說。我說：「師父，這個概念已經講過了，好像前多少天剛講過！」然後師父就跟我說：「真如啊，大家會忘的呀！所以要一再地講呀！」其實聽完師父那樣講的時候，我很震撼，也很慚愧、很感動。因為就一個供養三寶的概念，比如說佛前供水、每天禮佛，如果有可能的話，再供鮮花。就佛前供水這件事，我記得我們在廣論班推的時候，就是七杯水嘛！還要大家交一個單子，每天拿那個單子給我看，每天供水的打勾給我，像小學生交作業一樣。沒供的就打叉，然後我就問：「你今天為什麼沒供水呀？」說：「忘了！」6'53"

　　所以我們來學佛的這件事，有可能會忘！所以在這裡邊師父說：「我們要記住。」記住了這個大前提，大家都同意是來學佛的，才能夠進一步檢查：「實際上，我們在這裡是不是真的學了佛了？」這句話說完了之後，注意喔！緊接著師父說：「這是個大問題。」7'21"

　　那我現在反問一下：我們生命裡的大問題有多少呢？

你自己可以悄悄排序一下。現在就可以想一下最大的問題是什麼呢？人際關係問題？還是健康問題？還是最近心情不好的問題？還是最近某人說話，或者某件事傷害了你的問題，在心裡邊很痛一直過不去，這是個大問題？還是你一直等著一個人跟你道歉，他沒有道歉，這是個大問題？當然也有可能被別人借了錢沒還，這也是個大問題。但師父在此處指出了一個大問題就是——我們是不是真的學了佛了？這是個大問題。注意喔！又是排序。8'21"

接下來師父就說：「以我自己的經驗來說，我們來的目的是學佛，我們也這麼說，可是實際上我們學的是『我』。」注意！那個「佛」字變成「我」了。然後師父說：「欸，你們會想，為什麼講學的是『我』呢？現在要開始仔細分析了。」在分析之前，師父說不要把它看成道理，也可以把它看成是學佛來看。假定把它看成學佛的話就會受用；假定把它聽作道理來聽聽，師父說：「那就是一種浪費。」師父說他自己浪費、大家也浪費。9'05"

注意喔！「以我自己的經驗來說」，師父說這句話的時候，因為我以前跟師父在學習的時候，就常常跟師父

講：「師父，您《廣論》講得太好、太好了！」師父都常常說：「哎呀！我很慚愧呀！我很慚愧呀！我只是把我做錯的經驗拿出來告訴大家呀！」可以說在《菩提道次第廣論》上，說法者那種謙虛地說：「我不如你呀！」很謙虛地為大家如法講聞的德相，每次都讓我憶念到這一點。所以你看，此處又來了！以後在這本論中，很多時候師父都會這樣。9'48"

注意喔！這個經驗喔！這個經驗，雖然師父常常講它是一個失敗的經驗，但是有多少人經歷過這個經驗，能夠認識到——我是在學「我」呢？那學「我」的話，下面就出現問題了。什麼是「我」？什麼是「我」呢？假如僧團裡大寮的組合，比如這班同學一個煮粥的方式，大家到僧團裡來之後，說：「我媽說是這麼煮的。」他說：「我爸說是這麼煮的。」大家都會從父母那裡學到是怎麼煮飯、煮菜的，每家煮飯、煮菜的經驗或多或少都不同。如果大家光是在討論這個怎麼煮的次第上，或者用什麼東西煮，這個過程就討論得諍論不休的話，那早齋、午齋就不用吃了。所以肯定大家要在這個完全經驗不同的狀態下，採取一個統一的方案，僧團裡才能吃上早、午齋嘛！所以在這

種狀態下，就要去除掉我的經驗的部分，比如「我是怎麼樣的」，大家找出一個共同點，然後開始煮飯。10'59"

還有一個就是念誦。念誦，也是每個人都有每個人的韻律、每個人的高低音等，但是聽到維那一起腔之後，大家開始隨著維那去念的時候，每個人必須以維那念的為準，調整自己的速度、高低音等。要把自己的聲音合到這個大的梵唱之中，所有的人在其中，才會很愉悅、很舒適地做完整體的念誦課程。11'28"

如果在這個整場過程中，不知道是怎麼念的，然後就開念的話，那就是我了！我很多年前去五臺山求法，進入那個大殿裡去念。因為當時有點聽不懂維那法師念的，他說話我也聽不懂，不知道他是哪兒的口音。他一起腔之後，我就用那種非常尖的尖聲開始跟著念，在整個出家人的梵唱之中，高八度飄在上面念。因為低音好像我發不出來，因為我是一個孩子，發不出來，我就發很高的音。當時也有一個小男孩，他八歲，我倆就在整個旋律中飆高音飆在上面，就這樣飆了幾天。結果有一天維那在上面講話，講了半天，我在想：「好像現在應該開始念經了

吧！」結果旁邊那個出家人就回頭看了我一眼，說：「小居士，就是在說你呢！」因為聽不懂他說話嘛！我在想說：「為什麼要說我？」他說：「你念的跟大家都不一樣！你唱的。」可是我非常非常地賣力氣，我覺得我已經用全部的精神在唱，但是實際上打亂了人家課誦的那個規矩。12'41"

後來我知道了之後，我就不能放開嗓子用那麼高的音去唱。再後來我知道：「喔！要把我的聲音合到那裡邊去唱。」結果下一次我就改了。改了之後，維那法師就沒有說我了。我現在也不記得維那法師長什麼樣子，也不知道他是誰。在大眾中只是盡情地把心投進去了，但是過分地強調自我的風格，忘記了緣一個整體的感覺。13'08"

線上音檔掃描

# 講次 0017

# 當下一念，有無明與正知兩種方向

　　接下來師父說到：不幸的是，我們所以來真正的原因，有一個最根本的問題就是——我自己是誰不認識，不知道！所以叫無明。注意喔！接著聽一段：0'17"

　　可是不幸的是，我們所以來，真正的原因，就是有一個根本問題——我自己不認識我是誰，所以叫作無明，所以叫作無明。我們的情緒，起心動念，以及我們的知見，無非都在錯誤的認識當中。今天我們看了一本書，佛告訴我們這樣，啊，懂了、懂了！我真的懂了嗎？沒有，沒有！然後我們是懂了一些什麼？就是懂了我們對這一個文字的概念，這個概念不一定是佛要指給我們看的。這個內容很重要！我現在隨便來講一個實際

音檔　　　舊版 1B　07:16～08:32
手抄頁／行　舊版 1 冊　P20-L8～P21-L1（2015 年版）
　　　　　　舊版 1 冊　P20-L8～P20-LL1（2016 年版）

上的例子，我們常常說的：「哎呀，這個佛法裡面講空的呀！你要得看破啊！你得放下。」一點都沒錯，你只要能夠看破，看破嘛，你就放下；放下嘛，你就自在。說：「欸，對、對、對！一點都沒錯。」結果你真的看破了嗎？你真的放下了嗎？你真的自在了嗎？我想仔細地檢查，不能說沒有，但是絕對沒有真的做到。1'34"

在上一段，師父說到「我們想要學佛」，但是以師父自己的經驗來說：「目的是來學佛的，但實際上都走成學『我』了。」下面有兩段說：「我們跑到這個地方來，我覺得我要這樣走、我要這個樣子、我要這個樣子學。」接下來師父說：「我們的情緒，起心動念，以及我們的知見，無非都在錯誤的認識當中。」注意喔！這是第一盤的 B 面，師父就再一次提到了無明這個問題。再一次喔！這無明到什麼程度呢？「情緒，起心動念」，念頭！「以及我們的知見」──就是我們對一個問題的看法，「無非都在錯誤的認識當中」，所以叫無明。2'34"

這個一開始概念可能很難理解，聽起來變成全是錯的。因為我們不能逃開情緒、不能逃開起心動念、不能逃

開知見。如果這全是錯的話，怎麼生活呢？怎麼生活？就生活在無明當中呀！聽到這裡恐慌嗎？如果是這樣的話，豈不是鋪天蓋地了嗎？都錯了！都錯了——什麼錯了？注意喔！它還是有一個下腳處的。不是說：「啊！這一片全是錯的！」還是有個下腳處的。肯定是有一個當下對自我的認知——就是當下的起心動念的觀察，當下我們對於這一個事物的看法，乃至我們的情緒，還是有個下手處的。因為如果無明要是那麼可怕，遮天蔽地的像黑暗一樣蓋著我們的話，我們豈能夠去尋覓到智慧的黎明呢？乃至那種空性的燦爛光芒呢？3'56"

這麼厚重、這麼普遍的一個無明的狀態，實際上平常是很少能夠感覺得到的。能這樣講的也不多吧！平常起心動念、情緒乃至認知，都完全是被無明所攝的，其實這就是一個苦輪啊！苦的輪轉就是這樣的。4'18"

以前我有讀到一段師父的日記，師父在日記裡說了跟這一段幾乎是一模一樣的話。師父說：「境無是非、好惡。以無明相應的愛染，就成了種種貪、瞋、癡的惡業；以正知見相應的善法欲、正信、正解，就會集成一個遠離

生死的業，就會隨順出世道的道業。那麼這個出世道的道業，要一切全靠善知識的引導、垂示。」垂示什麼？正知見、正方便，而且下面還有一條──「一切要全靠自己依教奉行也。」後面師父在日記裡寫了兩個字，叫：「勉之！」後面一個嘆號。5'09"

所以在這個無明的問題上，其實談到無明就要談到當下的起心動念，我們對一個事情的認知。注意喔，注意！師父說：「境無好醜，損益在人。」鎖定我們的心。我們的心對外界是怎麼認知的，有兩個方向：一個是無明的方向，一個是正知的方向、出離的方向、菩提心的方向、空性的方向。而無明的方向是苦的，朝向空性的方向就是樂的。就是無限生命的兩種方向──無限的苦和無限的樂，兩個方向。這樣子講完了！然後師父說：「佛告訴我們這樣、這樣……」，注意喔！「懂了、懂了！」這是我們常常會有的一種感覺呀！自我的感覺。然後師父說：「我真的懂了嗎？沒有！」6'02"

那我們感覺懂了，是懂了一些什麼呢？師父說就是我們對文字的一些概念。那麼這個概念是不是佛要指給我們

看的呢？這個內容是很重要的，接著下面就講了看破、放下、自在嘛！說：「能不能看得破？看破了什麼？放下了什麼？」用這個例子來檢查一下，我們到底懂了嗎？6'27"

在這一段，很多研討《廣論》的同學可以自己想一下，現在我們已經是學師父的手抄第幾輪了？尤其是學《廣論》越來越久的同學，自己的心態要拿這個法鏡照一下。比如學到某一段的時候，會不會覺得：「啊！這段我懂了，我早都看了！」或者雖然沒有現起我懂了的狀態，至少會比其他同學懂吧！甚至我對於師父的帶子熟到師父說上一句，我知道下一句師父會提什麼觀點，我都知道！那會不會在很多同學中間，有一種自己懂了的感覺呢？7'06"

如果懂了的話，師父說我們對文字的一個概念——是不是真的懂了？懂了的層次有多深？我們會同意師父的這個觀察嗎？因為這樣觀察可能有點受不了，好像我們都沒懂；如果沒懂的話，是不是都白學了呢？如果白學了的話，那太痛苦了！所以還是懂一些吧！那懂一些到底懂了什麼？如果前邊學了很多遍懂了的話，這一遍學是不是發

現了一些沒懂的？在以前懂了的過程中，現在又發現沒懂的，那以前的懂了到底是不是懂了呢？7'45"

所以每次朝前走，都會發現過去沒有看到的風景，雖然這一本論我們學二十年，但其實要生生世世這樣學下去。它的內容之廣博、之深刻！它涵蓋五大論，甚至是佛所說的經典都可以攝為這三主要道，它是非常廣博而深邃的一本論典。為什麼講深邃呢？因為有講空性。空性深嗎？業果深嗎？還有我們的心深嗎？很多東西都看不到，所以要一遍一遍地學。你說：「二十年你還學一本論啊？」二十年學一本論是很厲害的，始終如一地學！學會了嗎？學懂了嗎？我這些話也是問我自己的，也是常常提醒自己的！8'40"

# 講次 0018

# 學越久、懂越多，唯有心地不明了

提個問題喔！乃至「文字」的概念懂了嗎？有的時候文字的概念也是沒懂的。真正地懂了文字、懂了教理，我們自然就會拿著這個教理來照自己的心。像有一段師父的日記，說：「來此又時日，以所習道次第反觀自己，深感不對。不對處是：不以法自淨，而以法繩人。目前務必以戒自心，自己做到了，方好濟人也。」「濟」，是濟度天下的濟。0'55"

所以為什麼要學這些教理呢？為什麼要學呢？一定是拿所學的來反觀自己。注意！反觀自己的身、語、意，反觀自己。反觀自己一定會看到什麼？看到那個不對的東西。不對的是什麼？法的方向一定是自淨其意的，不是以

音檔　　舊版 1B　07:16～08:32

手抄頁／行　舊版 1 冊　P20-L8～P21-L1（2015 年版）

　　　　　舊版 1 冊　P20-L8～P20-LL1（2016 年版）

法來約束別人的。要警戒自心！而且師父說：「自己做到了，方好濟人啊！」1'30"

在師父的日記中，幾乎篇篇滲透了強烈的、自我精進的這樣一個氣息呀！滿篇都是這樣的。所以在講《廣論》的時候，我有時候倒覺得師父有一些東西講得雲淡風輕，可是在他的日記裡都是極度深刻的。就是每一步都像一個小學生一樣，非常非常地扎實和認真地做功夫，沒有一點點花拳繡腳的跡象，一點都沒有！他非常深刻地以《菩提道次第廣論》的法理來明照自己的心。其實師父就是這樣做的，一步一個腳印這樣做的，包括他作課誦，包括他見誰了、說什麼。還有師父教我很多事情，師父也把它寫在日記裡邊，然後我再重看，每一篇、每一篇師父都在策勵自己。你看到的就是非常非常虔誠的一個佛陀的弟子，非常地虔誠！2'42"

所以在師父的日記中，看不到一絲絲他覺得對佛法懂了的這種感覺，每天都是拚命地策勵自己。那我們會不會對佛法有受用？比如師父從來不間斷誦《般若經》，師父誦《般若經》有受用的時候，會很歡喜地感恩上師三寶、

護法的加持，從來沒有說這是自己領會的。就像《般若經》上所講的「承佛威力」，都是這樣感恩佛陀。3'14"

說：「佛法裡邊講的空，你就要看破、要放下。」這點我就跟所有的老學員們探討一下，也許新學員也用得上吧！就是能不能放下：我們學了二十多年了，不能再以一個像初心那樣虔誠的狀態來學了，這點能看破嗎？在此處能看破嗎？還有包括我自己，我自己現在是在給別人講法嗎？還是我在重新地學習。是學生嗎？應該是個學生！我們在一起學習。二十年過去了，或者多少年過去了，我們看破了什麼？每一次懂了，過一段時間發現：哎呀！還有更不懂的；再看一下師父的手抄，哇！又有不懂的。怎麼覺得這個手抄好像越來越廣、越來越深，你越走近它的時候，欸，它好像後退一樣，就是覺得到底有多少未明了的深意在等待著我們去探討。4'26"

所以班長啊，可以放下自己的權威嗎？可以放下自己在班裡好像對《廣論》很權威的那種感覺嗎？像一個初心的小學生一樣，老老實實地學習。甚至剛剛進班的那些同學、剛開始學的，有可能他們會比我們學得好喔！因為這

條路不一定越晚來的他會學得不好，有的時候他會像一匹黑馬，一下子衝到前面。4'52"

所以抱持著一個真的好好跟佛學、跟師父學、跟所有廣論班的同學學，乃至跟所有眾生學習的心，抱持著這樣的一個心，就不會動不動被「懂了、懂了！」這樣一個東西障礙住。而且常常覺得自己懂了，久了會不會生起驕慢？一旦生起驕慢之後，學得越久的人就越驕慢。資格老呀、什麼都看了啊、什麼都知道了啊！唯有什麼不知道？唯有心地不知道啊！這樣的話，可能就成了師父在此處所破的那種學習狀態。5'32"

所以越久的人越容易發生懂了，然後就變成忽略。在聽法的時候，心就非常浮浮地放在上面：「啊，我聽了，知道怎麼樣！」就沒有恭敬心了喔！沒有認真的一種狀態。如果沒有恭敬心、沒有認真的一種狀態，如何去體會字裡行間的深意？如何去體會在此處所指的內心相狀是什麼？我們怎麼會發現我們錯的、無明的部分呢？6'03"

師父在這裡邊就問：「結果你真的看破了嗎？你真的

放下了嗎？你真的自在了嗎？我想仔細地檢查，不能說沒有，但是絕對沒有真的做到。」關於「仔細檢查」這幾個字，在聽嗎？仔細檢查，怎麼檢查呀？比如在聽一堂廣論課之前，你的聽聞軌理要不要做？有聽說過一個日本的劍道大師—— 宮本武藏嗎？他說：「勝負決定在劍鞘之內。」劍還沒有拿出來，那時候就決定勝負了。這一節課上得好不好，源於我們的準備、我們的發心。我們之前的準備很充分，這節課就會撈到大量的、很珍貴的法義；如果浮浮泛泛的一個態度，輕率地就開始聽了，沒有一個殷重、恭敬的心，那我們可能就浮浮泛泛了這節課。7'21"

所以聽聞軌理還在乎嗎？老學員還在乎嗎？記得我們一開始學習的時候，哇！聽聞軌理要特別特別認真地去準備，因為這《廣論》太深了，萬一都聽不懂怎麼辦？我們只是害怕我聽不懂怎麼辦？不會常常生出：「啊，這又懂了、那又懂了！」不會生出來這樣的心。那個時候是唯恐不懂、唯恐準備不周，所以在上課之前都拚命地思惟聞法勝利，再把自己的續流好好地安在—— 好像坐在一個說法的課堂上等著師父的身影出現。懷著那種非常恭敬的、期待的、萬分珍惜的心，不想忽略過他講的任何一個字。同

學們還有沒有這樣的初心啊？自己好好地向內心檢查一下。如果發現自己的心都沒有當初那麼努力和虔誠了，那能說我們懂了嗎？8'26"

# 廣海明月

——道次第廣論講記淺析
第一卷

## 學佛和學一般
學問的不同

線上音檔掃描

# 講次 0019

# 「看破、放下、自在」所指的心相

　　上一次我們討論到看破、放下、自在，師父說：「你真的看破、真的放下了嗎？真的自在了嗎？我想仔細地檢查，不能說沒有，但是絕對沒有真的做到。」那麼現在又到了研討的時間，能否把心從忙忙碌碌的其他所緣上，迅速地緣到法上？可以用多快的時間把自己的心拉回來呢？也許在研討課之前你生氣了，或者你傷心了，或者你疲憊、有事情要忙、放不下等等等等，總之好像有很多讓你不能專心的事情。那麼我們要強迫我們自己——什麼叫強迫？就是拉著自己的心，把自己的心拉到應該緣的法上。
1'11"

　　那麼就是要看我們平常轉心的速度有多快，有的人聽

音檔　　舊版 1B　08:32～09:31
手抄頁／行　舊版 1 冊　P21-L2～P21-L9（2015 年版）
　　　　　　舊版 1 冊　P21-L1～P21-L8（2016 年版）

到法音立刻集中全部心力。在《略論釋》裡有講過，那種狀態就好像在曠野裡邊，晴空一聲霹靂，一個小動物突然牠就集中全力，說「猶如野獸乍聞聲」，全部都停了，牠就聽那個聲音；是那樣的一種聽法的狀態，其他的所緣都不見了，只有法的所緣存在在我們的心中，或者耳畔。1'48"

我還想到了一個譬喻，比如說飛機要降落到一個正常的機場跑道上，那個跑道應該有一、兩千米，因為它用那樣的速度在高空飛翔，下降的時候它會有一個習慣性的速度向前衝，衝、衝、衝，然後慢慢地變慢。你不能一下著陸之後馬上就停，這會出問題。還有聽說會有飛機在航母甲板上著陸的事情，但是飛機在航母上著陸的那個長度，據說只有三百米！三百米的距離，飛行員要把飛機停在甲板上。雖然說是三百米的距離，但是實際上可能是一百五它就要停下來，因為你要是到三百米停下來，就衝到海裡去了！所以這個中間就設一道線要拉著那個飛機。2'45"

因為我們很少人看過航母，不知道那條線是怎麼做的。那條線是要把飛機拉著，它才能夠快點停下來；要只

靠飛機自己停，一定是衝出一、兩千米以上，是絕對不可能在三百米的距離停下來，或者在一百米的距離停下來的。所以那條線就非常地寶貴，那條線的材料就要非常非常地精密，因為它要讓一架高速奔跑的飛機停下來，你想想這條繩子是多重要！所以後來人們就給它一個名字叫「生命線」，因為它拉不住，那飛機就衝到海裡了，所以那條繩子很重要。3'27"

假如我們的心是那樣一架飛機的話，那麼什麼樣的一個拉力，會讓我們立刻停在這艘法的大船上呢？大家想一想我這個問題。可以迅速地從你攀緣的各種高空中，降落到聽法的這艘大船上，然後載著我們去無上菩提。你怎麼樣迅速地停靠，這也是一個練習。那麼那條讓我們迅速停下來的繩子，那條所謂的生命線到底是什麼？是上師的加持力？是我的信心？還是我的善法欲，還是什麼？大家可以想一想。你有沒有抓到那根繩子？有沒有看到那根繩子？因為它會在短時間內讓你迅速地停下來，專注在法上！4'20"

現在我們的心可以專注聽聞了嗎？只有把我們的杯子

倒空，才能真正去聽師父在講什麼。要全神貫注地聽！下面開始聽了！4'40"

　　我們文字是懂了，但是我們懂得這個文字，就是我們以前在世間上面所認識的這個意義，於是你認識的是這一點，真正派上用場的，也是這一點。你所看破的，世間的一個標準是看破了一點，所以比起沒有聽見這兩個字，或者沒有經過這兩個字提醒的時候，稍微好一點。但是佛法真正要你的看破，你看破了嗎？我想這個答案是肯定的——沒有！當然，看也沒有看見，你放得下嗎？根本放不下，因為你沒有看破，沒有放下，所以你也不得自在。可是我們偏偏自己說：「懂了、懂了！」在這一種狀態當中，於是我們自己覺得學到了，所以這個學到的，真正說起來不是佛法。想想看，對不對？我以後經常會運用這個例子。5'41"

　　剛才有沒有認真聽啊？那我要提問題囉！第一個問題，說：「我們文字是懂了」，這裡邊的「文字」，絕對不是指我們只是認字而已啊！所以這個「文字」，一定是指經文或者論典上的文字，對吧？因為我們是在討論無上

菩提嘛！我們懂得這個文字，師父說：「就是我們以前在世間上面所認識的這個意義」，在經典上的文字，和寫在世間書上的文字解釋，大家都知道有很大的不同。師父說：「於是你認識的是這一點，真正派上用場的，也是這一點。」那麼請問：文字懂了，到底是懂到什麼程度？這個問題前幾天僧團裡的法師們進行了幾輪的討論，他們都認為這一段很難，想要明了師父所指的界限到底是哪裡，什麼叫「文字懂了」？6'48"

師父說懂了之後呢？注意！下面出現對比性——「比沒有看見、比沒有聽過，沒有經過這兩個字的提醒」，注意那兩個字，「稍微好了一點」。就是你聽到文字懂了之後，比沒有聽過和沒有被提醒過，「稍微」好了一點。那現在的「懂了」，師父界定的是什麼？是「比沒有聽見好一點」。這就是懂了嗎？那這肯定不是懂了，這是比沒聽見好一點。但是，我們通常會認為我們「懂了」的，其實就是師父認為的「比沒有聽見好一點」，應該是這樣吧！7'34"

為什麼師父說比沒有聽見或者沒有提醒，稍微好一點

呢？下面師父講：「但是佛法真正要你的看破，你看破了嗎？」我們就會不服氣：為什麼我聽懂了，只是比沒聽過好一點呢？所以師父就接著問：「好，你聽懂了，那要你看破的你看破了嗎？」我們可能就直接回答肯定是沒有！都懂了，為什麼還沒有看破呢？注意喔！出現矛盾了！然後師父接著說：「當然，看也沒有看見」，我怎麼沒有看見呀？我看見文字啊！而且文字也懂了啊！那師父為什麼說我沒有看見呢？還有什麼在文字之外要看見的東西嗎？或者「文字」所指的是什麼？大家有想這個問題嗎？文字一定有一個指向、有一個所詮，它所詮的應該是我們的心，對不對？8'35"

比如在《般若經》上常常會聽到，當菩薩開始修習布施波羅蜜、忍辱、精進等等，修習六度的時候，如果不具備方便善巧的話，又不能迴向無上菩提，就會生起高心。高傲的心的「高心」。高心懂嗎？就是你覺得你自己比別人強嘛！這文字一下就懂了。但是《般若經》這裡邊講的到底是什麼呀？看得見了嗎？那個「高心」。而且是修布施的時候，因為沒有具備方便善巧所生起的高心，因為這個原因生起的高心，和平常那個沒有發心的人生起的高

心，應該還是不一樣的吧！因為這裡邊所指的是菩薩呀！
9'27"


所以它這裡邊有很多細緻的內心相狀，需要我們嚴格
地沿著論典所指的方向，去確認內心的所破是什麼。這個
所破，沒有善知識的指導通常是看不到！有一句話說：
「只是著在文字相上」；但是能著在文字相上，至少還聽
了文字，比沒聽還好。所以「看也沒有看見」，這句話很
重要！10'00"


接下來師父又問一句：「你放得下嗎？」因為看都沒
看見，放下什麼呀？根本沒有看到問題呀！我怎麼可能去
解決問題，讓我自在呢？師父說：「根本放不下！因為你
沒有看破、沒有放下，所以你也不得自在。可是我們偏偏
自己說：『懂了！懂了！』在這一種狀態當中，於是我們
自己覺得學到了」，所以學到的這個東西，師父下定義
說：「真正說起來不是佛法。」因為它沒有讓我們看破、
放下、自在，文字所指的那個心相也沒有看出來。10'44"


師父講到這之後，問我們：「想想看，對不對？」師

父又說一句：「我以後經常會運用這個例子。」請問這句話是什麼意思？這一段已經講過了，為什麼還老講這個例子呢？大家想一想！是不是我們會常常犯這種錯誤？甚至可能學整本都會犯這種錯誤，所以師父就要常常拿這個例子提醒我們。11'14"

我再問大家一個問題：有的人想要來界定這個「懂了」是不是「聞所成慧」？那這個也要討論，聞到聞所成慧的界限是什麼？如果一個人覺得文字懂了，是聞所成慧，我認為師父在此處沒有講到聞所成慧這麼高的高度，對不對？11'36"

那麼這一段究竟要講一個什麼？它會區分一個——文字上懂了之後，能不能深入。如果你覺得我懂了、我懂了！認為這就是佛法的話，其實佛法不是這樣修習的，不是這樣修鍊的。文字上懂了之後，你要順著文字的那個方向去看內心所指的行相，去看問題是什麼。文字所詮說的就像以指見月，用手指月亮，我們不能看手指頭，以為手指頭是月亮，這樣就錯兩個。因為那是手指，那不是月亮；同樣，月亮也不是手指。12'16"

　　那麼，在此處就提出了一個要求。說要求的話，大家會不會覺得：啊！佛法是不是很難呀？其實也不用太擔心，也不難！那一直都找不到懂了，好像怎麼修都不是懂了，會不會完全沒有成就感？不會呀！找到正確的方法就可以了，師父正在介紹方法呀！因為一旦我們輕易覺得我們懂了，那就是修鍊的話，就會嚐不到滋味呀！那就會跟讀其他的沒有什麼差別。關鍵是，佛法的要旨是要我們離開痛苦、得到快樂，是要調伏煩惱的。所以調伏煩惱的這門學問，它自然有它的規則、有它的法則。13'11"

　　那麼什麼程度叫「懂了」？可能一直學下去，大家會慢慢地理解。但是會不會一點成就感都沒有？不會啊！比如這一段，我怎麼獲得聽聞上的，或者上這節《廣論》的成就感呢？我至少知道文字懂了還不行！那要做什麼？要向身心上去觀察。要看得見文字所指的那件事——所謂的「看見」；看得見之後，要設法讓放不下的那個煩惱，或者痛苦、憂悲苦惱、焦慮等等情緒，瞋恨、貪心，要想法說服心裡的那個東西，用理路說服它也好、用什麼說服它也好，讓它經過什麼？對治！然後，放下是對治的結果。所以大體要經歷這樣的過程。14'03"

正因為是要求這樣的過程，所以我們如果運用這樣的方法，來習慣這個過程，那麼我們就自然會體會到什麼是看得見、什麼是對治，然後⋯⋯有一點點放下嗎？比如爭名奪利呀、別人惹了自己不依不饒啊、一直記仇啊，還有二十年前的事就要傷心一輩子。要傷心一輩子嗎？為什麼放不下？因為佛法就是來對付痛苦的，所以在學習的時候，我們要準備把那些陳年舊帳——記錄別人過失的那個帳本，真的要把它——劃掉。用師父的法音、用《廣論》上字裡行間所滲透出來的慈悲與智慧，要把它融化掉。要把那些煩惱在我們身心上深刻的烙印平復掉，這是佛法帶給我們生命非常積極的意義、非常樂觀的一種狀態。15'08"

所以也不是沒有成就感，也不是什麼都不懂，讓一個學的人處在一種可怕的焦灼中，也不是這樣啊！你每天都可以獲得一種喜悅，因為你有累積更多的「知道」，破除了更多「無明」，比如對這一段的了解。有在聽嗎？不要走神，不要走神！15'32"

線上音檔掃描

# 講次 0020

# 當「我覺得對」，弄不好就都在學我

　　所以一開頭我特別強調，假定說在這個地方，大家沒有辦法真正地體會到的話，我們就不可能深入，不可能深入，這是個很重要的概念，這是個很重要的概念！所以，還是我們平常因為有這個概念，所以往往自以為認識就停在這個地方，你沒有辦法深入。那麼，在這種情況之下，始終還是繞著兩樣東西：一個，我的見解——嗯，我覺得對！你這個「對」是什麼？就是世間上面，以前不懂的文字，現在你懂得了文字相。這個文字是以世間的標準來說，有深刻一層的認識，這個是沒有錯，所以可以說你是一個知識分子。但是學佛差得十萬八千里，門都沒摸到——種下一個因。第一點。0'52"

音檔　　舊版 1B　09:31～10:22
手抄頁／行　舊版 1 冊　P21-LL6～P22-L1（2015 年版）
　　　　　　舊版 1 冊　P21-L9～P21-LL1（2016 年版）

　　師父強調了一個問題：「假定說在這個地方，大家沒有辦法真正地體會到的話，我們就不可能深入，不可能深入，這是很重要的概念。」什麼沒有體會到就不能深入？然後師父又強調一遍：「這是很重要的概念！」體會到什麼呢？往下想、往下看！師父說：「我們平常因為有這個概念，所以往往自以為認識就停在這個地方，你沒有辦法深入。」注意！懂了，懂了之後反應是什麼？還會繼續學習否？懂了這件事，還有什麼味道可以再鑽研的嗎？什麼都懂了啊！通常我們就會放棄探索，所以會導致我們沒辦法深入，在學習佛法上這是一個很致命的毛病。1'49"

　　那麼我們懂了，師父又繼續剖析：到底懂了什麼東西呢？「我的見解──我覺得對！」這個「對」是什麼？如果在世間上就是懂了文字相，比對世間的話他是稍稍深刻一點，這個是沒錯的；師父說：「你可以說知識廣博呀！但是學佛的話差十萬八千里」，注意到後邊那句話：「門都沒摸到。」請問門在哪？摸到門的人和沒摸到的人，會同時問門在哪嗎？什麼是「門」？2'30"

　　在這一小段其實也不要想得太複雜，一想到：這說的

什麼意思？就蒙掉了。要想一想：又到了我的見解——我覺得這個對！一旦圍繞著我覺得對、我的什麼什麼、我的什麼什麼的時候，就出現了師父在前面講的——是來學佛的，還是來學「我」的？弄不好的話都是在學我，而且我見越來越強、越來越強，學什麼都會加強自己的我見——就是我愛執。我愛執越來越盛的話，生命就越來越痛苦。3'12"

所以所有這些經典上的文字，它就要指示——「我」，能看得到「我」嗎？我的錯誤的想法、我的錯誤的見解、我的錯誤的感受。是要在這上面釐清楚，要真正地了解苦樂的來源源自於我們的心，再進一步解釋——源自於我們對事情的看法。某一件事、某一件事發生了，那件事一定會產生那樣的苦樂嗎？為什麼有些人也發生了這樣的事情，他沒有像我們那麼痛苦呢？所以這件事上並不真正能代表苦樂，或者直接出生苦樂；出生苦樂的是源於我們對這件事的看法，有了那個看法之後，在我們的心上產生壓力、悲傷，或者滿足等等這樣的情緒。4'14"

所以要校正的不是正在發生什麼事，要是外面的事情

的話，誰能阻攔啊？比如說：「我現在在修禪定，天空，你不要打雷！孔雀啊，你不要鳴叫！」這怎麼可能？或者說：「不要下雨，我正走在路上。」我們怎麼可能讓整個宇宙隨著我的心意而轉？怎麼可能做到？那麼我們這樣一個在大宇宙中，看起來又非常具有靈性，可是又自覺渺小的人類，要怎麼樣達到自己的快樂呢？所以寂天菩薩就在他的《入行論》裡說，如果你怕刺到腳的話，有一種人會選擇這種行為：把大地上的荊棘都鏟完，哪兒有刺腳的東西就去鏟平它；還有一種人非常地聰明，他就穿個鞋，叫「**片革墊靴底，即同覆大地**」。只是把自己的腳穿上了鞋，就等於你好像拿了一個皮革，把整個大地都蓋住了。
5'21"

同樣地，我們覺得滿世界都是問題、家裡都是問題、滿學校都是問題、工作單位……滿滿的都是苦惱！每個人身上好像都有這些不愉快。但是實際上只要把心裡的問題解決掉，把我們對這個事情、對這些人、對家庭、對很多問題的認知調整一下的話，我們的感受也將會隨之調整、隨之改變，這就是佛法讓我們逐漸去體會的東西。它正因為是在研究心的，每個人都有一顆心，你可以觀察自己的

心念，可以留心自己的感受。所以不是看看經就完全懂得了你自己的心，注意喔！是我們自己的心。每一顆顆的心，要透過經典來校對內心，在內心上完成離苦得樂的操作。6'14"

所以這件事不能以自我為中心——我的經驗、我的什麼，因為我們沒有離苦得樂的經驗啊！當一個悲傷的心情生起，當一個怨恨的心情生起，我們都覺得我們是很有道理的啊！他這樣對我，我怎麼能不傷心？他這樣對我，我怎麼能不怨恨？那怨恨和傷心，請問是負面情緒還是正面情緒？一定是負面的，負面的就是傷人的！傷誰？當然傷自己呀！我們傷自己卻覺得是非常有道理的，為什麼？因為他這樣對我，所以我傷心、我恨呀！可是傷心和恨，讓我們的生命不是更加跌落到痛苦之中了嗎？那麼用什麼辦法可以停止傷心和恨別人呢？一定要調整自己對這個事情的看法，所以叫「調伏此一心，一切皆調伏」。7'03"

到後面會慢慢接觸到兩個字叫——調伏。是向內調伏，就是調伏這個「我」。這個「我」比獅子老虎還可怕喔！而且好像它是隱形的一般，因為很多人都沒有時間看

「我」。因為眼睛都看別人、耳朵都聽外面，每天走路都在看形形色色的事情，很少很少有時間專注在自己的身語意上。我的身體在做什麼？我的嘴在說什麼？我的心在想什麼？哪些是不正確的，會給我自己和他人帶來痛苦的？哪些是快樂的，會給自他帶來愉悅的？我們有多少時間在檢查這件事呢？7'50"

還是那樣，最正確的事情忽略了！所以師父就提到，為什麼我們坐在這兒？我們就是要離苦得樂。師父說：「大家停一下，讓我們自己做個警惕：我們在這個地方，來幹什麼？修學佛法。你為什麼要修學佛法？說目的我們已經了解了，為了達到我們離苦得樂的目的」，注意！離開痛苦、得到快樂。有的時候我也想問大家：其實離開痛苦、得到快樂這件事，雖然是所有生命最本能的一個願望，但是努力了很多年之後，還有離苦的這種勇氣嗎？多半是在苦缸裡邊泡著吧！想不起來離苦了；快樂好像也就那樣，有的人活著都沒力了！是被誰摧殘的？是我生命遇到了什麼事什麼事、什麼人什麼人，還是我們沒有明了這顆心、沒有覺悟這顆心導致的呢？9'04"

　　一旦我們發現：噢！問題的關鍵在於我沒有明了自心、沒有了悟這顆心，結果讓我沒有真正地離苦，會不會精神為之一振呢？因為所有的事情都出在別人身上的話，怎麼去左右別人？正因為問題出在自己的身心上，所以正好自己可以解決呀！這多方便啊！不花一毛錢，什麼都不用求別人！你聽了之後就拿這個在自己心上操作。哪有一個實驗室不花錢的？但是在你的心上開始實驗離苦得樂這件事，不用求啊！就自己開始操作了。師父說比騎自行車還方便呢！騎自行車你還要有個車子，這什麼都不用，你觀察就可以了！9'46"

　　觀察，對我們來說鏡子很重要、燈很重要，那麼經典就是像鏡子和燈一樣的作用。在我們的生命中，善知識就指示這個方向，讓我們在生命中不要迷失、不要迷失！「樂在這裡呢、苦在這裡呢！不要顛倒了，到苦的地方去找樂。」所以佛法是非常非常嚴謹的，它離苦得樂的方式也是非常準確的。正因為嚴謹，所以準確，甚至精確。10'19"

　　所以我們常常這樣去訓練自己的心的話，就讓我們的

心非常地有力量、非常地明晰，因為會常常處在一種抉擇和思辨的狀態之中。注意！當你的心靈動地抉擇和思辨的時候，你對你自己的情緒、你的看法、你對別人的方式會常常有一種警覺：欸！我現在在說什麼？我在表達什麼？我表達的東西會給自他帶來快樂嗎？比如我現在發生了一件事，我「咚！」的一聲，就掉到那個苦惱的河裡了，然後就沉在裡邊。可是學了《廣論》之後，至少會覺得：這裡是哪裡？這裡好像是傷感，我要趕快逃出來，不然會越沉越深！我必須要逃出來，我要游出來！哪怕淚流滿面、哪怕筋疲力竭，也要朝著岸上游！我不要待在這種很負面的情緒裡，因為不去對治的話，它會越來越難過、它會越來越深。11'14"

所以師父講的每一個字、每一句話，都告訴我們修行的門徑在哪裡，聽了文字之後，一定要懂得在心上去找到文字的所破，或者所立是什麼。佛法要在身心上去實踐，這樣的話，我們的腳步才走得非常地踏實。11'36"

# 講次 0021

# 學本論的方式：耐下心來，深入廣學

　　我們剛才談了一下前面一段，研討到這一段，不知道有的研討小組會不會整節課都在討論「門」是什麼？然後大家陷落一團，每個人都在說：「門是這個、門是那個！」實際上師父在這裡揭示一種學佛的方式。學佛的方式跟學世間的稍稍有不同，就是你文字上懂了之後，你不能認為你真的懂了，因為要向心上去看、要在身心上做功夫，要改變身心的。所以它是一種修鍊，它不是用一個「懂」字就能夠代表所有的過程。0'39"

　　在研討的時候，我們常常會糾結一些好像跟身心無關的問題，然後所有的人都卡在那裡、所有的人都諍論不

音檔　　　舊版 1B　10:22～11:23
手抄頁／行　舊版 1 冊　P22-L2～P22-L9（2015 年版）
　　　　　　舊版 1 冊　P22-L1～P22-L9（2016 年版）

休，找不到出口，所以廣論班裡就吵成一團。吵完之後，出去每個人的心裡都是問號，就這樣回家了。但是這樣會不會很錯誤呢？畢竟我們在吵佛法的門在哪裡、修行的門在哪裡，對不對？不是在吵什麼其他的名聞利養啊、什麼其他的門，所以相對於那些還是比較好的。諍論、諍論之後慢慢就尋到路徑，找到出路了！1'16"

怎樣找到出路呢？師父在這裡邊說：「我們在無明中，我們的概念，我們的執著，我、我、我！這個東西都是錯誤的根本。唯有一個有正確認識的人指導了你」，他指導了你之後，注意！「你了解了你的錯誤」，了解了之後，師父下一個次第是：「心裡想排斥這個錯誤」，那麼在想排斥這個錯誤之前，一定是知道這個錯誤給自己的傷害。「不但如此，下一步還要認識怎麼樣是正確的，然後照著正確的去做，那個時候才能轉化得過來。」轉化得過來就是，從苦的感覺過渡到快樂的，你的心的感受力發生了改變。2'03"

好！提到感受，大家接著往下聽！2'08"

　　然後呢，你的感受，對不起，那了解都不了解，我的感受還是普通的習性。世間的來說，人家說文人，文人的習性是什麼？講起來，講得頭頭是道，做起來是一無是處，就像普通一般的愚夫愚婦一樣。那我們現在實際上都是這樣的，大家喊這個民主，大家喊這個、喊那個，看別人的時候，喊得清清楚楚，輪到他身上的時候，做起來是一樣地莫名其妙。現在我們修學佛法了，第一個難關就是這裡，想想看！所以這個地方提示了我們什麼？我們不要自己覺得懂了，要想真正得到好處的話，應該要深一層地，好好地廣學。不必說我們現在想，哎呀，學得想樣樣東西都學，你不要說，就是簡單地學念佛吧，學參禪吧！說實在地，還是不夠，這個以後再說，這個以後再說。3'12"

　　提到感受，師父說：「那了解都不了解，我們的感受還是普通的習性。」此處的「了解都不了解」，是了解什麼？是我們的感受對吧！那我們的感受還是普通的習性這一點，了解嗎？比如我常常訴苦，但是知道這是苦的感受嗎？當我們對好友或者對親人傾訴一件痛苦的事情的時候，我們會不會覺得痛苦好像在變低了？這是一種痛苦在

減輕的感受，是透過傾訴的方式。那麼，這是不是屬於普通的習性？注意！當苦受生起來的時候，是否沿著善知識的指導，馬上認識到：啊！這是痛苦開始了。4'12"

在痛苦開始之前，是不是還有一個東西它又先開始了？就是我們的見解——我們以自我為中心的那個執著，對這個事情的安立，是安立成傷害我的啊，或者這件事情一無是處啊，那麼接著痛苦就來了。習慣性地把某件事情發生看成是痛苦的淵源，那麼只要這件事一發生，痛苦就來了。一旦我們認為，這件事發生也許對我的生命有所警示、有所提醒，甚至是給我的一個大禮，但是我還不知道怎麼收的時候，我們就會觀察這件事本身存在對我生命那個不同的價值是什麼。讓我注意到：我有忽略什麼嗎？我是應該透過這件事增長一些見識、增長一些耐力、擴大一下心胸，看起來一無是處的這件事，是否帶了很多我不知道的祕密在上面，等待我去了悟、等待我去經歷另一番的感受呢？5'21"

所以師父說「文人」，注意喔！師父在說很多事情的時候，其實都是結合著內心。注意！這個「文人」，大家

不要覺得是說世上的文人，要注意我們內心中的那個——定義是什麼？講起來頭頭是道，做起來一無是處的——自我。講是都會講的，但是一做的時候就完全都沒有樣子了。學了這麼多年《廣論》，應該對這點體會滿深吧！老學員？就是某些段落是很熟悉的，但是這個段落結合內心還是滿辛苦的，所以這是我們再開始一輪的意義呀！6'03"

說：二十年了學一本書！是呀，二十年學一本書，文字懂了嗎？文字懂了之後，內心了解了嗎？所破、所立知道了嗎？所破、所立知道了，該破的破了嗎？該立的立了嗎？感受全轉過來了嗎？最大的問題是：生死了脫了嗎？來生能生善趣嗎？最初的道次第建立了嗎？一問這些問題，是否大家會心慌，覺得好像一無所成？但是我們學了好幾輪《廣論》之後，我們對很多事情的見解還是建立出來了，正知見還是有的。比如最普遍的不殺生，五戒的概念、八關齋戒、菩薩戒，這裡邊有太多太多對自他生命有著積極意義的正確見解，我們已經透過《廣論》、透過師父的講解學到了。這是一件很了不起的事情、很偉大的事情，所以要好好地隨喜！7'01"

　　師父在此處講的是什麼呢？就是那種「看別人的時候喊得清清楚楚，輪到自己身上，做起來一樣地莫名其妙。」注意！下面一句話很重要：「現在我們修學佛法了，第一個難關就是這裡。」第一個難關是哪裡呀？說起來頭頭是道，做起來能不能不莫名其妙，對吧？所以有句話說：三歲孩童都知道的事情，八十老翁行不得。師父說：「這個地方提示了我們什麼？我們不要自己覺得懂了」，注意下面的話：「要想真正得到好處的話」，什麼好處？這個好處當然要真正地得到，請問是什麼好處？學習佛法可以得到什麼好處？什麼好處？你們有回答嗎？快樂吧！離苦得樂吧！8'07"

　　離苦得樂，注意那個「離」字喔！比如你坐在車上，說：「請你離開那個車！」你要準備離開車上的座位，你就要花力氣，對吧？如果一台車正在飛速地行駛，你要離開這台車就要跳車，跳車很危險，需要更大的力氣。那如果我們要飛向太空的話——也叫離吧！要離開地球——那你要多大的力氣才能超越地球的引力，要多少燃料？我們習慣於這種引力，我們習慣於在自我的感受、自我的見解、自我的苦這種苦水裡面泡著，這就是一種習慣，也是

185

一種吸引力。所以要離開這種吸引力的話，要一種很大的力才能離開。那麼這個力要怎麼才能獲得？因為跟自己的習慣是反的，你怎麼樣拿出一個相反的力量逃開這種痛苦？所以談到離苦的「離」字，它一定是有一個力量，又有一個方向。9'14"

我剛才是解釋好處是離苦得樂。師父說：「要想真正得到好處的話，應該要深一層地，好好地廣學。」聽到了吧？就是不要聽到一點就覺得懂了，趕快去亂忙一通，然後忙完了又很失望，非常地混亂。要想真正地好好學的話，「要深一層地，好好地廣學」，就是要耐下心來，別著急！把離苦得樂的這些見解，次第、數量認真地學明白了，並且一邊學一邊在內心上觀察。9'52"

問大家一個問題：師父的立宗有沒有出現？那個覺得文字是懂了的，會不會故步自封啊？能不能完成廣學呢？那好！現在問五大論班的同學，五大論都學完一輪了，懂了嗎？五大論夠廣的，懂了嗎？大家都搖頭。那在上課的時候，不會產生懂了的感覺嗎？沒有。辯論場上懂了嗎？上辯論場你把對方辯得啞口無言，還不懂嗎？都是不懂。

說到此處，問所有的人，應該沒有人說：「我懂了」。
10'36"

　　這一段懂了嗎？這一段也沒懂。我的問題聽懂了嗎？該承認懂的還是要懂的，但是修學佛法就不能輕易地認為這個懂了，不往下去學。懂得怎麼上汽車、怎麼下汽車，這個都懂了喔！不能一聽說「不懂」好，「好！什麼都不懂。」這樣就太過了！10'58"

　　注意！好幾天的課程總攝一下，師父提醒我們，學佛的時候要特別注意它的目的性，目的非常地明確，像射箭一樣。你的箭靶在哪裡？離苦得樂，這就是我們學佛的目的。離苦得樂一定要離開無明，無明就是對這個事情沒有正確的一個看法。那麼請問：我們對學佛的正確看法是什麼？不能輕易地文字上看一看就以為懂了，我們一定要經過善知識來教我們，在身心上認識到這個「我」——連帶所有的見解和情緒，其實正是所破。了解它的錯誤、了解它的過患，我們才能離開這個錯誤；離開這個錯誤，就離開了苦。錯誤跟苦和罪是在一起的，所謂的「罪」就是做錯的事情，對自己和他人產生傷害的事情。11'58"

所以學習佛法不能急躁，要耐下心來、要沉靜下來，把我們的節奏放緩。為什麼放緩？放緩才能看到內心啊！那麼匆忙，連眼前有個東西、撞樹上都不知道，怎麼能夠注意到心念這個問題呢？所以師父才要提到：「提到這個事情，大家停一下，讓我們做個警惕。」12'28"

　　所以這一整段都在告訴我們學習本論的一種方式，就是要廣泛地聽聞。那麼二十年都在反覆地聽聞，有沒有廣泛地聽聞呢？現在又很多同學開始學習五大論、學習《攝類學》了。學習《攝類學》的時候，我們就自然碰到一個名詞叫「所知」。所知，大家都知道是心的對境，凡是存在的，心都可以了解。其實這句話只有佛陀當得起，因為凡是存在的，他都了解，而且是最正確地了解。那麼我們對我們的心了解嗎？我們的心存在嗎？存在啊！達摩祖師說：「你的心在哪？」「我找不到。」找不到存不存在呢？找不到就不存在嗎？空氣你也找不到，存不存在呀？13'16"

　　所以對於存在的，不是我們心的所知，雖然是心的對境，可是我們不了解它，那麼我們就要跟隨了解它的佛

陀——徹底了解萬事萬物的規律，包括心的規律的導師佛陀，我們就跟著他來學。最幸運的是還有師父一行一行地講解，還有廣論班裡這些同學，都是同樣的目的來這裡討論，每天都討論。討論就是鍛鍊思辨能力，你站在那一方、我站在這一方，大家一起來討論。雖然有時候好像不討論還行，越討論越糊塗，問題越來越複雜了、出現的枝節越來越多了，但是總算我們打開思辨的路徑，開始思考了！這是一件非常非常好的事情。開始思考、開始思辨，對我們人生的問題產生思辨，要去問為什麼。14'04"

所以師父揭示的其實也是個聞思修的過程，但是師父沒有提聞、思、修三個字。14'12"

我有講清楚嗎？大家有聽懂嗎？還有人回答聽懂嗎？如果你們都聽不懂，我要再重講一遍嗎，這節課？再把所有的話倒帶重講一遍嗎？你們如果答聽不懂，我就一直講下去，永遠不下課！看你們怎麼辦？14'37"

廣海明月

——道次第廣論講記淺析

第一卷

成佛的近路與
遠路

線上音檔掃描

# 講次 0022

# 《華嚴》、《法華》指出成佛快慢的差別

好！又到了我們繼續研討的時光了。不知道大家的心態有沒有準備好？一定要記著有一個大乘的發心。就是不停地訓練我們生命的方向，讓我們所造作的業都隨著菩提心的方向；因為菩提心是佛子因，最後才會匯聚為成佛的方向。成佛才是徹底地離開一切痛苦、得到最圓滿快樂的方向。現在我們只能說，我們一直在提醒自己造作這個方向，終於有一天，它會在我們的心續裡邊，經過長期的串習、觀察修、止住修等等，成為我們心續裡堅固的續流，直到一剎那也不會間斷的續流，那個時候就太美了！0'52"

所以不要放棄每一節課對動機的安立，雖然這可能只是短暫的一個心念的操作，但這個操作對整節課來說是非

音檔　　舊版 1B　11:23～14:38

手抄頁／行　舊版 1 冊　P22-LL6～P24-L3（2015 年版）

　　　　　　舊版 1 冊　P22-LL7～P24-L3（2016 年版）

常非常重要的。甚至對於我們這一生、對於我們生生世世宗旨的把握也是很重要的。因為我們常常串習，重串習的業就會先熟。如果我們一直串習生命的最高宗旨，或者我們最迫切的生命願望──成佛，這就會真實地成為我們生命的方向、生命的意義，就會動用起我們全部的心力為這個目標努力，不達目標絕不停止！1'37"

上一節我們討論到什麼樣是真正地能夠得到佛法的好處啊？然後一定要向深處學呀！要向深處學，首先要確定我們是來學佛的。為什麼學佛？要離苦得樂。那麼為什麼離不開苦呢？師父說是因為無明，我們對事情沒有正確的認識，所以導致了痛苦。其實這也是一個很深的概念，難道所有的問題都出在我的認知中嗎？把「我的認知」這個問題解決掉，是打開所有痛苦的結的一個鑰匙嗎？從這樣的一個角度說，認知事物就變得很重要了。2'23"

那現在就問大家：對每天上課要發心的這件事，我們的認知正不正確？認為是可有可無的、認為它麻煩，甚至久了之後就不以為然、麻木了？還是你會覺得，最開始的發心實際上關係到我們這節課的方向去哪裡。就是忙了這

麼半天，秋天能不能收到東西？收到哪裡去了？會不會成為自己受用的那個果？所以發心是不容忽視的，發心、迴向都是不容忽視的！2'56"

今天我們繼續來聽下面師父講的這一段。在聽之前我想講一個問題，因為有很多同學寫了回饋，我有看！其中有的同學問：「這個全廣的進度出現了，是不是班裡原本的進度都要改？」如果你想要聽我的想法的話，我比較建議你班裡的進度可以不用改，抽時間可以再聽一下全廣，是不是這樣會比較好？3'26"

還有一個同學問到關於次第的問題，比如次第可不可以改變啊？為什麼是這樣？我會覺得要了解次第到底是怎麼回事，就是要耐下心來向下學。比如說次第，請問腳下的第一步是什麼？那也是次第吧！腳下的第一步就是聞法。那聞法的第一步是什麼？前行。前行的第一步是什麼？思惟。思惟什麼？聞法勝利。其實這也是在大的次第中有很多細膩的次第。每天如果我們能夠稍事注意到一個聽法前的準備，那麼對這節課來說，可能你會收穫良多。4'10"

　　還有一種狀況是：你只要一聽到法，立刻就全部都準備好了。就是你已經非常熟練，不會有什麼其他的雜音啊、之前做的事情一直出來干擾，你的方向性、你的意樂也非常地純粹，就是為了無上菩提。如果這樣的話，還會不會在意串習聞法勝利呢？除非聞法勝利已經進入到你的心續了，那你再串習的也是你的心續。4'37"

　　我還有收到同學的回饋，是他們在高鐵上聽，好像有的是坐在車上、走在路上都在聽。坐在車上的還好，走在路上聽的時候要注意看路！或者你最好站著聽，一邊走一邊聽的話要注意交通安全。我是滿開心的！大家能用這樣的時間來學習。希望能夠感受到不管相隔多遠，這個課堂就把我們連結在一起，我們很開心地在此時此刻開始研討！5'10"

　　好，那我們開始聽！5'12"

　　那麼在這一個地方，我順便也提佛經上面的一個公案來說明一下。這個《法華經》，我想我們大家都了解的。佛出世了以後說了很多經典，在這經典當中，現在

流傳下來的，有兩部經典，通常說圓教經典，換句話說，最圓滿的。一部是最初說的《華嚴》，一部是最後說的《法華》。這《法華》很有意思，它最後告訴所有的弟子，你們每一個人到最後都成佛、都成佛。先開始說那些小乘的阿羅漢們，平常已經證了羅漢果了，他以為就到此為止。欸，佛告訴他：不！這是方便法門，最後你要成佛的。所以一一授記。最後呢，乃至於說任何一個人，你只要隨便地念一聲佛，跑到廟裡邊，合一個掌，鞠一個躬，乃至於小孩子玩，拿了這個泥沙造一個塔——塔就是寺廟了——欸，覺得這樣，都會成佛！6'27"

這一小段應該非常地明晰，就是師父給我們介紹了《法華經》和《華嚴經》，這一段主要是介紹《法華經》。師父說：「《法華》很有意思」，什麼意思啊？就是它告訴所有的弟子最後都會成佛。先從小乘的阿羅漢，說證得阿羅漢果了之後還要繼續向前走，最後要成佛，一一授記。最後說到：「乃至說任何一個人，你只要隨便地念一聲佛，到寺院裡合一個掌、鞠躬，乃至小孩玩，用那個沙子造了一個塔，都會成佛！」那根據《法華》的授

記，我們二十多年廣論班裡這些同學，不管學得怎樣，是都會成佛的，對吧？因為我們不知道都合了多少掌、念了多少佛了，而且有同學也會造塔、供僧等等。所以根據佛陀的授記，現在在聽《廣論》這些同學都會成佛的，對不對？開心吧！7'35"

以前有一個老居士，他非常非常尊崇《法華經》，非常地有信心，所以他對《法華經》一字一拜。那時候我去問他：「《法華經》到底講的是什麼？」他說：「你別講那麼多，你就拜就是了。」我說：「要拜多久才能明白《法華經》的意思？」他說：「跟著我拜！」後來就跟著他拜。他非常非常認真，從早拜到晚，非常非常虔誠，還有很多念誦《法華經》的居士們。《法華經》有說，念完了之後會口中出蓮花的香味，有種種不可思議的感應。8'15"

再說一遍：記得喔！現在不管是新學員還是老學員，佛陀在《法華經》裡授記了，我們一個合掌、一聲南無佛，「皆共成佛道」，都會成佛的。開心吧！這是佛授記的喔！8'31"

那接著聽下一段：8'33"

　　當然這個成佛的時間很遙遠，不過這裡呀，我現在要提示給大家的是說，他授記大智舍利弗尊者等等，就說：「最後你要成佛的，你還要供養兩百萬恆河沙多少諸佛，多少時間以後成佛。」看一看喔！大智舍利弗尊者是佛弟子當中智慧第一的，而且我們看那個經論上面，已經無量劫來跟著佛，生生世世跟著他，有這樣的因緣，這一世證了羅漢果了，到最後成佛還要轉了個大圈子，這個是圓教經典。可是另外一部圓教經典有意思咧！《華嚴》，這善財童子，他是個十信滿心，結果他最後也成佛，他的成佛的時間上面是一生取辦——說這一生可以成就，所以他最後以十大願王導歸極樂。這兩個之間，雖然同樣成佛，這個時間，那完全無法想像，完全無法想像！那是個天文數字，天文數字都無法形容。9'51"

　　好！問大家：這一小段師父在說什麼呀？是不是在說成佛的時間呀？說了兩種時間對吧？一種是什麼？是天天跟著佛、生生世世跟著佛的這個例子，誰呀？大智舍利弗

尊者對吧？是智慧第一的。說這一世就證得羅漢果，最後成佛還要轉一個大圈子，我們可以想像這是示現的。還有另一部經典《華嚴》，就是一生取辦——當生就成佛，這個速度簡直是不能想像的。最後他以十大願王導歸極樂。說：「這兩個之間雖然是同樣成佛，時間是無法想像的」，師父用了「天文數字」。10'45"

我們都會成佛，但是接下來這一段揭示的是——速度。都會到那個目的、都會達到徹底離苦得樂的那個地方，但是快和慢是天文數字。接下來聽！11'01"

假定說這個成佛這麼差別當中，我說沒有關係，反正你到那時候，生了天上人間，舒舒服服，到那時候，突然之間，一下成了佛了，那我倒還是願意等一下。因為成佛很辛苦嘛，所以我等了半天，到那時候成佛了，不是就等等嘛！不是的呀！實際上，這個無量阿僧祇劫，在這裡面大部分時間是都在受苦，受無量無邊的苦。那羅漢將來走到佛，還要苦，凡夫的話那更不談，大部分時間都在三惡道當中輪轉，痛苦得不得了，這第一個事情。第二個事情呢，轉了大半天你最後成佛的時

> 候，他不是說到那時候，那個佛自然地掉在你頭上，你
> 還是要經過這樣地努力，一點都不能少的，這個我們必
> 定要了解！11'52"

　　這一段講了兩件事情，對吧！第一件事情是什麼？首
先師父說：「假定這成佛的差別中」，注意！是說那個速
度的差別。「反正到那時候生了天，舒舒服服的，哎！突
然一下成佛了」，快和慢都沒關係，因為都很舒適、過程
很享受，那多長都沒關係！師父說：「那我還是願意等一
下。因為成佛很辛苦嘛，所以我等了半天，到那時候成佛
了，不就是等等嘛！」師父說這個速度不是等的問題喔！
是什麼問題呢？是「無量阿僧祇劫」，同樣是天文數字，
「在這個裡邊大部分時間都是在受苦」，而且受多少苦
呢？「受無量無邊的苦」。「大部分時間都要在三惡趣中
流轉」，這是指凡夫喔！都要在三惡趣中流轉。新學員可
能剛剛接觸到三惡趣，你們可以稍稍了解一下，地獄、餓
鬼、畜生就叫三惡趣。13'03"

　　佛教認為當我們這一生的生命結束之後，心識並沒有
停止，它在繼續向前。怎麼樣證明人有前後世呢？在《釋

量論》裡有廣泛的討論。因為心識是由前一剎那、後一剎那這樣一直相續不斷的一個續流，所以它是不會停息的，它總體是不會停息的。你下一輩子要去什麼地方，完全取決於自己這一輩子所造善惡業的考量。如果善淨之業多的話，就在人天道；如果是惡業為首，又重串習、天天想惡念的話，那可能就會到惡趣去。所以師父說：「大部分時間都在三惡趣中流轉。」為什麼大部分時間？因為一旦進入惡道，很難脫離。13'54"

比如有的畜生道的生命，牠就是要靠吞食其他生命來維繫牠自己的生命，牠活一天就要殺很多生命。你說這樣的業，牠怎麼從那個道裡脫出來？所以是很可悲的，牠已經失去了抉擇能力。有的只要張嘴就可以吞掉很多生命，所以牠沒法持守不殺生戒，也沒法聽聞；遇到佛法之後能知道嗎？頂天就是被放生呀！可能有的生命這樣的機會也得不到。所以一入惡道是非常難以脫離的，一旦進入惡道之後，成佛是很遙遠哪！不知道該有多遙遠，全都忘記了！所以師父說：「痛苦得不得了啊！」14'41"

那麼這些該受的惡報都報了，轉了半天，到最後成佛

的時候，是不是一下子很輕鬆地成佛了？不是的！還是要
經過這樣的努力，一點都不能少的！該做的善都要做、該
斷的惡都要斷，一點點都不能少！不能說因為我們從惡趣
裡都轉完了，上來之後我們就少了很多。而且從惡趣上來
之後，不知道還帶著惡趣的什麼餘習，更麻煩！所以這件
事就是一件非常費力氣、非常辛苦，要經歷過難以想像的
艱辛才能達到的，就是那條成佛的遠路。注意！師父揭示
了這件事情。15'23"

# 講次 0023
# 探索快速成佛的關鍵

**好！我們接著聽下一段。** 0'03"

　　有這樣的因，有這樣的果，那到最後成佛還是要，為什麼呢？為什麼呢？因為我們要真正成佛，要做兩件事情。哪兩件？一個呢，要所知障徹底地淨除，煩惱障徹底淨除，兩樣東西。那個東西你沒有淨除之前，不行！換句話說，那個債在那裡，你沒有還清之前，就是負債的；還清了，什麼時候還清了，就對。還有呢，你要做那件事情就要做那麼多，什麼時候做圓滿，什麼時候就對，這樣。結果呢，前者走這麼長的路，完了以後，同樣還要付出這麼大的努力去完成；後者一下就達到，他也達到了。這兩個比較，對我們有極重要的一個

音檔　　　舊版 1B　14:38～15:52
手抄頁／行　舊版 1 冊　P24-L4～P24-LL3（2015 年版）
　　　　　　舊版 1 冊　P24-L4～P24-LL3（2016 年版）

概念，大家記住！為什麼？為什麼？我想如果說我們自己肯努力在這個方面追尋一下的話，沒有一個人例外的，這一定願意走善財童子這一條路。喔，這個太冤枉了！走這麼長時間太冤枉，因為這個吃了冤枉苦頭嘛，對不對？這個概念在哪裡呢？看下面，這個就在這兩部經上面說得清清楚楚。1'18"

諸位，你們在研討這一段的時候會怎麼研討呢？比如這裡邊提到了成佛要斷除的所知障和煩惱障，是不是很多心力都花在去了解所知障和煩惱障？但是這一段，師父要我們了解的是什麼呢？一個是前面走了那麼長的路，那麼長的路都在惡趣！完了之後，同樣還要付出這麼大的努力才完成；後者一下就達到了。1'52"

所以這個快和慢，師父說：「這兩個比較，對我們有極重要的一個概念」，然後師父接著說：「大家記住！」記住什麼？就是我們要去比對快、慢。說：「這還要比對嗎？一個那麼長、一個這麼快，這不很明顯嗎？」這樣的念頭是懂了的意思嗎？懂了這個快、那個慢，懂了三十天比一天長，然後呢？最重要的是為什麼走三十天？為什麼

走一天？為什麼走無量阿僧祇劫？為什麼一生取辦？對吧？師父說：「大家記住！」接著師父就問：「為什麼？為什麼？」連著兩個。2'48"

這兩個為什麼，到底是問什麼的呢？師父接著說：「我想如果說我們自己肯努力在這個方面追尋一下的話」，哪個方面呀？就是為什麼走那麼快、為什麼走這麼慢，中間都經歷了什麼。注意！師父用了「追尋」，這裡邊就是開始有可能你摸不到什麼，一直在探索、一直窮追不捨，一直在探索這件事。而且師父後面說：「追尋一下的話」，看起來也不太難。接著說：「走這麼長時間太冤枉，因為吃了冤枉苦頭嘛！」師父在這講的時候有點在笑。「沒有一個人例外」，師父說：「如果你追尋一下的話，沒有一個人例外的，這一定願意走善財童子這一條路。」善財童子的路是什麼路呢？就是一生取辦——最快的成佛之路。但是一定要去追尋其中的義理和要去探討為什麼。3'56"

我現在問大家一個問題：師父為什麼在講一講離苦得樂之後，就講到這兩部經了呢？你們在回答嗎？為什麼講

這兩部經了呢？講這兩部經要引出什麼呢？兩條路，對吧！一條快的路、一條慢的路。那麼引出這兩條路要幹什麼呢？是要你我選擇嗎？是要你我追尋嗎？師父的心意是什麼？師父把兩條路打開，說：「諸位呀！我所關心的你們，請走遠路吧！」是他的心意嗎？遠路太苦呀、太苦呀！師父心疼我們。4'43"

說：「如果這麼認真去追尋一下，沒有一個人例外，就一定願意走善財童子的路。」師父對我們是多大、多深的期望。只要我們願意探尋，我們的心就會非常欣樂地走上一條快速的離苦得樂之路，這個道理完全說得通的，對不對？痛苦的日子快點結束比較好、快樂永遠不要結束比較好，這不僅僅是人之常情，所有的生命都是這樣的，苦都想要快點離開。但是為什麼還有人選擇那麼遙遠的離苦得樂之路呢？這裡邊有玄機嗎？一定要探索一下。5'24"

注意！師父把一個非常大的命題、一個非常大的問題，推到你我眼前了。這個問題就是：選吧！有兩條路──快的和慢的。不加思索的，你我當然會說：「我要選快的。」但是那快的是怎麼走上去的？一定要探索！不

然就會發生我以為走的是快的，結果我走的是慢的。因為
不清楚的緣故、因為可能遠離了引路者的緣故，或者中途
退心、換路等等諸多的方式，還有人事的不和合我們也會
不想朝前走，很多很多理由都會走上岔路。所以師父是以
這樣一個非常非常殷重的態度，微笑著、笑咪咪地給我們
講這兩部經典的意趣，就是希望我們能夠選擇一條快速的
路，是吧！你也是這樣想的吧？6'31"

會不會覺得在《菩提道次第廣論》第一盤 B 面的時
候，師父居然就把成佛的兩條快、慢之路指示出來了，精
彩吧！而且被誰聽到啦？就是被正在聽的你聽到了，有
快、慢兩條路。這兩條路聽到了之後，如果有人因為聽聞
這部經典走上了快路，那你省掉了多少受苦的時間？就是
因為聽聞到師父給我們說法。7'04"

所以你說聽聞可以離苦嗎？聽聞可以縮短受苦的時間
嗎？由於聽聞，我們可以改變命運嗎？因為我明了了哪條
路是錯的、哪條路是對的，哪條路是苦的、哪條路是少受
苦，甚至是很快可以得到快樂的，那我在一開始的時候，
就可以做一個非常非常明晰的選擇，然後踏上去。不是胡

亂地就開始踏步走，沒看清方向就走了。7'34"

常常會遇到那種事，說：「某人某人！請你幫我做一件事。」那個人說：「好！」走了。過一會兒他回來說：「欸，你要我做什麼？」常常會發生這種事情喔！沒聽清楚要幹什麼，也沒聽清楚次第，第一步、第二步、第三步都沒聽清楚，人已經出發了，所以他自然要回來重新問路，這樣就浪費時間！如果他一出門就掉到坑裡了，還得去找救護車啊什麼把他救出來、療傷，療完傷了再過來問路、再能啟程。所以是很折磨的！8'09"

那麼這件事重不重要，在我們的生命中？我們常常去研究很多讓自己心情變好的方式、讓自己的心變得輕鬆的方式，那麼這個很多生都會輕鬆的方式，會不會引起我們的注意力？我們會不會非常非常在意師父用兩部經典作為依據提出的這兩條路？難道這不是十方諸佛的心意嗎？十方諸佛的心意，如果沒有善知識來告訴我們的話，我們即使閱藏，看了很多大藏經，能不能結論出：啊！有一條快路、有一條慢路。能不能這樣明晰地下結論？所以說：「聽君一席話，勝讀十年書。」有的讀了很多年不知道有

兩條路；或者知道了，但是怎麼走的、次第是什麼，也是不明了的。而且知道了之後，會選擇那條快路嗎？有勇氣選擇嗎？還是就甘居遠路？自己給自己下定義了，因為並沒有了解遠路上的心酸啊！9'18"

所以這要何等的勇氣給什麼也不懂的我們上課，一開始就揭示成佛，然後就把無明的概念揭示出來。要揭示正確學習佛法的方式、要結合內心，還要提出結合內心也要有兩條路：有一條是最快地把心中的痛苦都去掉、快樂都圓滿，還有一條很慢地才能達成這樣的目標。絲絲入扣地把我們引入到一個對正確之路的抉擇上。非常地明晰，師父的講說非常地明晰、非常地簡潔，讓我們聽起來心裡是乾乾淨淨的、明明白白的，沒有什麼玄而又玄的道理，非常地清楚。怎麼選？有沒有得選？一個那麼苦、一個一生取辦，這還需要選擇嗎？假如你稍作探索，都會這樣去選擇。關鍵就是要明了如何是快速之路！10'25"

提到這一點的話，我做一個小插敘。當我們跌入到一個痛苦情緒之中的時候，我們知道快速地從中出離的辦法嗎？就是從一個不好的情緒裡、一個負面的情緒裡要用最

快的速度出來，還有一種用很慢的速度出來，這也同樣是涉及到速度。習慣繞遠路，和習慣抄近路，就是走兩點之間最簡捷的路，其實這也是一種習慣——習慣迅速地離開痛苦，不留戀痛苦。提到這點，說：「哎呀！怎麼可能留戀痛苦呢？」自己想一想吧！一件事想了很久也想不明白，在那個胡同裡轉呀、轉呀，就是轉不出去，因為沒有對這件事有一個正確的認識，所以放不下心中的重擔、放不下痛苦，就是被痛苦糾纏啊！11'28"

　　以前在研討《廣論》的時候，也會常常聽一些居士講家裡的痛苦。一開始的時候聽一遍，後來還是聽、還是聽，可能半年的時候還是聽，後來我發現：就是那一模一樣的痛苦嘛！重複了很多遍，還是那個！她是很痛苦的，她一直講，因為她想不開啊！因為對方沒有改變，所以她一直很辛苦。有一天我就跟她說：「這類事情你已經跟我講了半年了，都是幾乎同類的事情。講了之後你心裡稍稍有一點舒服，但是回去之後又開始發作了，是不是我們得找到一個究竟讓你不再這麼痛苦的辦法？」所以我就跟她說：「那我們就聽師父的帶子吧！」12'15"

　　傾訴可以讓內心輕鬆，但是傾訴可不可以解決苦因？你能不能諒解你認為傷害你的那個人？怎麼樣發生諒解？我們必須去吸收新鮮的理路。注意！「必須」是自己給自己說的。必須去用一個嶄新的觀點來看待這件事，尤其是要承認自己對自己的痛苦有責任。你為什麼要讓自己過得這麼痛苦？別人那樣對你，你就痛苦嗎？這件事是確定的嗎？一個有毒的食物和一個有機的食物，我們當然會選擇吃有機的；那別人給你一個有毒的食物，你為什麼要大口吞下，而且要承受中毒的痛苦呢？你要設法清楚它、設法辨認。13'08"

　　所以很多道理都在說：真正的苦樂，其實操縱者是在於我們自己。佛法就是在告訴我們這些，如何操作內心讓它生出快樂、遠離痛苦，所有的道理都直接指向操作面，最先操作過來的一定是自己的認知。所以，聽了今天師父用《法華經》和《華嚴經》揭示了這兩條路之後，可以想一想：當下我可以心情變好嗎？我可以對別人微笑嗎？我可以對我的親人、朋友或同事說出感恩的話嗎？還是就讓自己的心泡在苦水裡，也不願意出來？不願意出來會習慣的，而且串習久了會得抑鬱症。要非常地小心自己的負面

作意、負面情緒，千萬不能耽著得太久，要快快地、快快地離開那種情緒，要走一條快速的離苦得樂之路！14'07"

# 講次 0024

## 欲快速離苦，得勤練當下轉心

　　再問一個問題：有一條快路、有一條慢路，請問誰將走上慢路、誰將走上快路？這兩條路是給誰展示的？是我們，是吧！那麼誰將走快路、誰將走慢路，是誰在決定？是別人決定我離苦得樂的快慢，還是我自己決定的？如果我自己能夠決定快慢的話，我何必受那麼多苦呢？0'46"

　　所以師父處處都在揭示：我們是否能夠明了我們要主宰自己的身心？談主宰太不容易！我們的心就像一匹脫韁的野馬，很難控制，所以才會在悲傷的海裡不停地沉淪，主宰不了。所以才說佛法難，難就難在哪兒？開始對付心的時候，就沒有像聽懂感覺那麼好了！因為最先遭遇的就是先要認識到這個痛苦、這個痛苦對自己是有傷害的，接

音檔　　　舊版 1B　14:38～15:52
手抄頁／行　舊版 1 冊　P24-L4～P24-LL3（2015 年版）
　　　　　　舊版 1 冊　P24-L4～P24-LL3（2016 年版）

下來你要想離開它。1'31"

比如說壞心情，早晨起來你就莫名其妙地心情不好，由於做了惡夢，或者身體不舒服，或者其他的原因，或者今天的事情多等等，或者你突然想起了一段事情，總之就心情不好。那麼心情不好之後，是否延續一天？是否把這種態度帶給遇到你的所有的人？還有一種就是假裝很快樂，其實心裡那傷口越來越深，都是一種自我折磨的方式。但是我們是不是很習慣這種方式？還是習慣發現了自己的負面情緒和負面的思路——注意！我說「發現」兩個字——思路一出現的時候趕快停止它，這是不是最快速的當下離苦？當下轉！2'20"

我再說一遍：如果能夠主宰快和慢的話，誰願意走慢路？那麼為什麼不能夠主宰？是天生不能夠主宰，還是缺乏訓練？武林高手是怎麼出現的？小的時候都有一段跟著師父非常艱辛的訓練過程，對不對？一般都出現什麼大雪的時候也練、酷暑的時候也練、被師父修理、什麼都學不會，然後冥思苦想武功祕笈……經歷那個過程，最後就練成武林高手了。沒有什麼其他別的東西！3'04"

就像一個賣油翁，哎呀！那個賣油的人特別厲害，他在那個瓶口上放上一枚銅錢，然後他就把油從那個銅錢的孔——古式銅錢的孔，四方的那種，就透過那個孔，倒到買油人的瓶子裡去。然後那個銅錢的邊緣是不會沾上油的，厲害吧！有人問了那個賣油翁說：「這太了不起了！這是怎麼練出來的？」那個賣油翁說：「無他，唯手熟爾。」沒有什麼其他的，只是我熟練罷了！3'44"

所以離苦得樂之路要從當下開始練起，不要讓壞心情、壞情緒、壞的思路牽絆你，一定要快點把它斬斷，快點離開它！真正地說，當煩惱生起的時候，我們要像抖落跑進懷裡的蛇一樣，可是有多少人把自己的壞心情看成是進入懷裡的蛇呀？有那麼害怕嗎？通常壞心情生起的時候，我們就待著、就靠著、就瞇著眼沉在裡邊；沒有覺察、沒有覺知、沒有覺照，所以就越沉越深。沉到很深的時候發現：哇！透不過氣來！再想跑出來，費盡了辛苦。所以速度，速度！最先覺知——看到它，然後扭轉它。4'41"

所以「速度」這兩個字，是不是我們這節課學的非常

重要的一個概念？平常也學速度啊！但是離苦得樂的速度是什麼呀？就是要我們對我們的心快速地了知它在幹什麼。如果它在痛苦的話、在攪煩惱的話，那要停！5'03"

有在聽嗎？有在聽嗎？要試著在苦樂上去獲得稍微一點的主動權，要試著去操縱這個方向。那些修鍊地非常非常成功的高僧大德，就是勤苦練習呀！師父在他的日記裡，每一篇都是勤苦地練功夫啊！所以在心上練功夫即是！不要慨嘆佛道難啊，大家一定要好好地努力喔！5'35"

好，師父舉了這兩部經典說有兩條路，就是快路和慢路、近路和遠路。那問大家一個問題：從這兒到某地某地，怎麼走是近的呀？我們去問路的時候會問誰呢？是問走過的，還是問沒走過的？一定是問走過而且很熟練的。他說：「我家就在那邊！就這麼近，你朝這條路走吧！」我們從小到大一定都問過路，問路的時候，有沒有遇過那種指路給你指說：「一直往前走，左拐、右拐！再向前走，再左拐、右拐！」拐拐你就迷失了，你就不知道怎麼走了。但是有的碰到好的指路的，他就給你講，講完他發現你一臉困惑之後，他說：「那我帶你走吧！」這個時候

可能有人會跟著走，可能有人會害怕不知道被帶到哪去。但是給我們講這兩部經典的是佛陀，他已經究竟地離苦和究竟地得樂，而且他有慈悲心要幫我們，他的方法是正確的，所以跟佛去問怎麼樣成佛是快路、是遠路，應該是最好的。6'54"

所以走上快路和慢路最根本的那個條件是什麼呢？誰知道此路快、誰知道此路慢？一定是走過的人。那你說走過的人，他一定是走過了慢路，才知道那條慢路嗎？一定要被火燒到，才知道火會燒人嗎？遠遠地看著它烤就可以了吧！認知毒藥的人，你不能說被毒死了所以才認知，不是這樣的！因為聽爸爸媽媽說、聽老師說、聽科學家說這是有毒的，所以就不靠近。7'34"

姑且不討論這個。再問一遍：誰是知道近和遠的人？如果那個知道近路和遠路的人，決定要帶我們走近路的話，我們要跟著走嗎？當我們遠行、當我們不知道路，我們需要嚮導嗎？如果這個嚮導對我們伸出了慈悲的手，我們願意把手伸出去，跟著他嗎？8'02"

# 廣海明月

——道次第廣論講記淺析

第一卷

認識圓滿教法，
就一生取辦

線上音檔掃描

# 講次 0025

# 聽師父錄音帶，體會佛菩薩的陪伴

　　在研討《廣論》的時候，我常常都比較強調：希望大家能夠仔細地聽師父的錄音帶。因為在師父的講說中、在師父的語氣裡，還有他投入的情感，我們可以聽到師父比如說他特別贊同什麼、他特別擔心什麼，還有特別期待我們怎麼做……，好像師父陪在我們身邊。聽久了之後，就不會產生那種疏離感。尤其是我們這些年輕一輩的，一開始有人會覺得聽師父的口音聽不懂，這是源於什麼呢？就是不太熟悉。其實師父的發音是滿清楚的，一旦熟悉了師父的語氣、他的表達方式之後，我們就會覺得講得是滿清晰的。0'59"

　　在聽帶子的時候，其實可以訓練我們一種專注的能力。因為我曾經問過一些廣論同學說：「你聽師父帶子的時候會不會走神呀？」問了很多人，都說：「會走神。」「那走神多久會發現呢？」常常說：「走了一大半才發

現。」然後我說：「那你發現這一段聽了走神之後，你會不會補聽呢？」有一些同學就聽過去了，有一些會補聽，但是回頭補聽的時候又走神了！1'31"

我們也在班上做過這樣的一個調查，就是同一段看你聽多少遍才會不走神。結果有一個同學聽七遍到那裡都走神，非常非常奇怪，一到那個地方他思想就飄忽了。他覺得很驚訝，為什麼這一段他反覆地都聽不到，就是到那一段，好像什麼東西障蔽住了一樣，後來就自己起名說「業障」。但是說業障就能聽到了嗎？所以在這個部分，大家聽聞的時候還是要聽仔細，因為我們很多人的習慣，就是聽別人說話的時候，其實也是聽不仔細，通常就聽個大概，然後匆匆忙忙聽完了，就覺得領會別人的意思了。如果這樣學教典的話可能會滿吃虧的，所以大家要認真地聽聞。2'25"

所謂的認真，也不一定很吃力，只要把心專注在上面，養成習慣，慢慢地訓練自己，到後來只要師父的法音一響起來，我們就會全神貫注地聽。而且如果你累的時候，你真的可以緩解疲勞；如果你憂傷的時候，當你把心

緣在師父的帶子上，你很快就忘記了你的憂傷，甚至有人病得躺在床上起不來的時候，我還建議他聽師父的帶子提心力，這樣他會有勇氣撐住在病床上的時光。還有失眠根本沒法睡的，他來找我說：「老師，怎麼辦呀？」我說：「那醫生都說怎麼辦啦？」他說：「醫生也都想辦法了，還是睡不著。」我說：「如果你也不願意吃安眠藥，覺得吃太久了也不行，那試試聽師父的帶子。」結果他就開始聽師父帶子，聽了一段時間，聽著聽著就睡著了，後來師父的帶子就變成他的催眠曲了！然後他就過來跟我說：「這樣會不會很有罪過？一聽就睡著了。」我說：「師父講的法就是為了安慰我們心中的各種痛苦。如果你有失眠的痛苦，那麼一聽師父的法就睡著了，你睡了一段時間，好了之後，你大概就不會睡了，所以就把它當作藥吧！」果然一段時間之後他好了，他聽師父的法就不會睡著。3'49"

很多人聽師父的帶子或者學《廣論》，感覺生命中有一顆偉大的心在陪伴。我們生命中有很多問題需要討論。有很多人很孤獨，沒辦法討論內心深處的問題，也不知道該怎麼討論；有的時候跟別人討論之後，還反而陷入更深

的矛盾之中，所以也提不起來、也放不下，也不知道該怎麼辦。這個時候很多事就不妨不了了之，就來聽帶子。聽著、聽著、聽著，可能是師父非常輕描淡寫的一句話，他就熱淚盈眶或者痛哭流涕，突然觸及他內心深處最深的一個痛，別人也不曉得是怎麼回事，總之就是他被觸動了。4'33"

　　每個人都有可能在《廣論》中找到自己被觸動的點，或者自己心靈深處的傷被癒合，或者被撫慰的那個點，其實那就是佛菩薩的慈悲吧！當接觸到這個偉大和慈悲的心的時候，我們的身心就會被那如慈母般的佛菩薩的慈悲所撫慰。我們在生命的過程中所受的所有創痛能夠早一點好起來，然後我們依然能夠健步前行，依舊可以給自他創造一個幸福的感覺、幸福的氣氛，甚至是為自他生命的提升帶來很大很大的饒益。所以大家要打起精神來聽帶子，然後聽帶子的時候絕對要努力 —— 不要昏沉、不要散亂！5'26"

　　雖然說這幾個字輕鬆地講出來：「不要昏沉、不要散亂。」大家都知道一聽帶就昏沉的人，真的是一打開帶子

223

就昏沉，然後什麼時候聽完了，他就醒過來了。但是我們這麼一小段、一小段聽，應該你想睡的話，也睡不了多久就會被叫醒；散亂的話，也會被迅速地叫回來。所以慢慢地養成自己要知道自己的心在散亂、昏沉，「欸！我在昏沉！」要能覺察到，覺察到之後立刻就拉回來，立刻就把心力提起來。這樣的話，提升我們聽聞水準，我們就能夠更清晰地了解師父的心意。所以聽聞要聽得準確，然後要反覆地聽、重複地聽是滿重要的！尤其是在這麼忙碌和浮躁的這種狀態之中，如果真能夠靜下心來，好像整個宇宙中只有師父的聲音，師父就坐在自己的面前──「如在目前、如對聖顏」，好像就為你講《廣論》一樣。那樣的時光也是滿美妙的。6'38"

我們生命的正在進行式，說「人生不如意事十有八九」，這是我們常常都會講的一句話。所謂的不如意，就會給我們的心中帶來很多失落呀、悲觀呀，還有焦灼、無可奈何、徬徨等等諸多的這些痛苦。實際上每一天、每一天，如果我們已經脫離孩童時代了，我們就將面對成長後的很多煩惱，這些煩惱有的也解決不了，就是一直在進行。那麼如果在這個心續之中隔出一個小小的空間，在這

個空間裡，就好像我們走進師父在鳳山寺的辦公室，跟師父請益一樣。那個時光就是，我們突然從一個喧囂的塵世中走進了寺院，然後走到了一個非常非常親切、非常非常熱情、目光很深邃的這樣一位老和尚的面前，坐在他的面前聽他說法。7'56"

這樣，對我們的生命是不是一種充電、補給，還有靈魂深處的一種給予？因為你會發現師父他對我們最大的所求，應該就是希望我們幸福、希望我們快樂。他字裡行間滿滿的心意，都希望我們能夠剎那剎那都擺脫痛苦，達到一種無憂的生命境界。所以如果能夠常常感受到這樣一顆心，在這個宇宙間他滿滿的慈悲在關照著我們，一直在試圖跟我們的心靈對話，一直在講給我們聽，一直在講。這樣的話，是不是可以你自己遇到問題的時候沒有那麼孤單和無助？因為至少會想起來：哎！我還有師父的法可以聽。在聽他的法音的時候，不管有多少難纏的心事，在那一刻都彷彿寂寥無聲，只有他的法音和我滿滿的信心，人生的很多問題看起來也沒那麼艱難了。9'13"

為什麼？因為「法」會提醒我們正念、正知、正行、

正能量，會讓我們從情緒的陰霾中走到陽光下，聽一聽佛菩薩他對事情的看法，他對這個事情的思路是什麼，我們就隨時會調整我們看一件事情的角度，甚至每天都在調整。如果你憶念師父的法，每時每刻都可以調整自己的心，就像一個座標一樣，可以幫助我們一直調整，因為我們會常常偏離，就要調整。調整到什麼方向呢？就是正確地離苦、正確地得樂，早一點把自己從非常負面的、很糟的一種心境中解救出來。其實沒有什麼比法更快的，或者說更實用的，而且也不需要費什麼代價，就只要心緣在上面就可以了！10'14"

# 講次 0026

## 談《化城喻品》：眾生的習性，佛陀的悲心

好，那麼我們來聽下一段。大家要注意聽，注意聽！
0'10"

所以，如果說你們將來真正要學本論的話，我之所以把課排得比較少的原因，你們要肯學，好好地要去找各式各樣的經論，自己證明。《法華》上面說得清清楚楚，說：我啊，無量劫以來，就把那圓滿的教法告訴你，告訴你了以後，對不起，你就聽不進我的話，總是急急忙忙照你配你胃口的去做，結果就因為這樣，你以為得到了，沒有，沒有得到。所以它中間說了一個什麼比喻，叫〈化城喻品〉，大家還有印象吧？這個〈化城

音檔　　舊版 1B　15:52～17:30
手抄頁／行　舊版 1 冊　P24-LL2～P25-LL5（2015 年版）
　　　　　　舊版 1 冊　P24-LL2～P25-LL6（2016 年版）

喻品〉，我現在完全用最平常的方式，來說明最重要的意義。就像說，我們現在要去到某一個地方求寶一樣，這一條路是滿長遠的，大家一直跟著那個大商主——大商主就是我們的佛陀，他是完全了解的——去走。哎呀！走在路上是又渴、又熱、又累，大家跑了個半天，又跑不到，眼看著要退心了。1'23"

那個佛陀就曉得這些人的心量太差，所以這個地方現一個化城：欸，到了、到了！大家覺得好歡喜。結果進了城，喝了一點水，吃飽了覺得很高興。佛陀就說：大家精神振作了，還沒到喔，下面還有路喔！那個時候，他就跑起來，就對了。我想在座的，一定有很多同修，念過《法華》，曉得這個公案；沒有念過，好好地去看一看。1'52"

這一段在字面上應該沒有什麼難懂的，對吧？那我再提幾個問題。第一個問題：師父說：「如果你們將來真正要學本論的話……」有個「真正」二字。然後可以稍作思考一下：為什麼師父要放上「真正」兩個字呢？比如可以說：「如果你們將來要學本論的話……」為什麼要強調

「『真正』要學本論的話」？你們有答案嗎？什麼答案？
2'29"

通常我們跟一個人討論問題，說：「你給我一點建議。」有人會說：「你要聽真的還是假的？」然後說：「我要聽真的！」說：「那我說了！你是真正地想聽真的嗎？我要說了！」就是說，你是不是真正地要學《菩提道次第廣論》？如果真正要學的話，師父接下來講的話會對我們非常非常地重要，應該說就是這樣一條路！2'59"

所以這裡邊，師父希望我們能懷著非常殷重的心，開始學習《菩提道次第廣論》──那就是一個「真心」，把自己的真心奉獻出去的這樣一種學習。把心投在裡邊，不是浮浮泛泛，或者走馬觀花，而是整個生命投下去的這種力量。3'27"

接著師父就提出說：「把課排得比較少」，然後又說一遍：「你們要肯學」。其實，就說「你們要學」就可以了，師父又在「要學」中間加了一個「肯」字，「你們要『肯』學」。肯學是什麼？你願意學呀！要心甘情願學

呀！如果是這樣的話，就「好好地去找各式各樣的經論，自己證明。」3'55"

　　然後有的人說：「哇，這麼多年學一本論！」不是的！學了這本論之後，我們會在這本論裡聽到好多經典！比如說現在就聽到《法華經》，一開篇就聽到《法華》、《華嚴經》。這樣的話，因為《菩提道次第廣論》的原因，很多人就開始讀《法華經》了。誦一遍經也是功德無量，如果把《華嚴》誦一遍的話，哇！那個《八十華嚴》很厚，但是會非常非常歡喜！非常非常燦爛、輝煌的一部經典，大家可以去讀一下。未必讀得懂，但是你讀進去的話是很美的！4'31"

　　我最初知道《楞嚴經》，就是去一個阿姨家，聽到有人在讀《楞嚴經》。但那個時候我不知道是在讀佛經，就一直聽到說：「阿難！阿難！阿難！」聽到裡邊有個人一直在說：「阿難」。我就離開那個座位跑到她門口，說：「為什麼是阿難？」我就打開門衝進去，我說：「你在說：『阿難』，誰是阿難？」然後就從她手裡把《楞嚴經》拿過來。那個正在誦經的姐姐非常驚愕，可能有點被

我嚇到——我哭了。然後我說：「為什麼這個名字聽起來這麼熟，誰是阿難？你在讀什麼？」我就把那個《楞嚴經》拿過來開始自己看，在她面前自己看，好像那個姐姐不存在一樣。5'18"

如果你認真地誦一本經，誦經的時候，不知道你會利益到多少有情呢！也許還有像我這樣莽撞的人，有一天聽到了突然善根被啟發了，然後就找到了他的皈依——找到了佛陀。5'34"

所以師父在這裡邊說：「好好地去找各式各樣的經論，自己證明」，就是你要看。證明什麼呀？證明《菩提道次第廣論》上講的，是不是有依據的、是不是佛說的。5'47"

所以接著師父又講說：「《法華》上面講得清清楚楚」，清清楚楚的什麼呢？下面一大段還記得嗎？師父就說：「我啊，無量劫來……」這是誰的語氣呀？說：「我啊，無量劫來……」，「無量劫來」是多長時間啊？無盡的，從過去到現在，無盡的。「就把那圓滿的教法告訴

你」，告訴誰呀？我們可能說：「在《法華經》裡，是告訴《法華經》裡聽到《法華經》的那個人。」但現在我們也聽到《法華經》了，所以就把那圓滿的教法告訴我們。「告訴你了以後，對不起，你就聽不進去我的話，總是……」注意喔，看！告訴了之後，對不起，聽者聽不進。聽不進的選擇了什麼行動呢？「總是」，注意有個「總」字，不是說一會兒這樣，他總是、一直是——「急急忙忙」——那狀態，急急忙忙。幹什麼呢？「照你配你胃口的去做」。什麼叫照自己、配自己胃口的去做呀？習慣的、熟練的，對吧？想要的、自己願意做的，然後就去做了。「結果因為這樣，自己以為得到了，沒有，沒有得到。」7'17"

可能很多年齡小的，不知道讀這一段是不是會沒有感覺？但是如果你曾經帶過弟弟妹妹的話，其實你也會清楚。你把一件事告訴他很多遍他不聽，他非得照著他自己的習慣。比如你跟他說：「欸！你不要跑、你不要跑，你跑不穩！你不要追、你不要追我！」他一定在後面追你。咔！倒了，然後膝蓋流血了；哇！哭了，然後你就給他包紮。你下次告訴他說：「你不要跑、你不要跑！」又是趴

在地上。我們小時候也是這樣。7'50"

像以前我小的時候，口袋裡裝滿了那個爆米花，我的姐姐們從院子裡衝出去之後，那時候我比較小，我覺得我也要衝。她們一邊衝、一邊回頭對我喊，說：「你不要跑啊！你不要跑，小心你的爆米花都撒出來！」我在想：我才不管！我四個口袋都裝了爆米花。然後就開始衝，衝、衝、衝，我都不知道怎麼回事就突然趴在地上，然後就開始大哭，滿地都是我的爆米花，結果我所有的那些姐姐們都回過頭來要撿。撿完了之後也不能吃了，然後我就開始哭；大家也玩不成了，就一起哄我。所以從一個小孩很小的事情，都可以看到不聽勸！8'28"

所有的老師大概對這句話都感觸頗深。尊敬的老師們，你教學生的時候，你會覺得學生會聽你的嗎？但是不能因為學生不聽就不教，還得繼續教，我們就是送走一屆一屆的學生。看佛陀無量劫來，就不停地把圓滿的教法告訴我們；還有父母親，小孩不聽，也不會停止說呀！對不對？所以這幾句話可以看到佛陀的悲心啊、耐心啊！他無量劫來，在不可稱數的時間內講同樣的教法。9'03"

　　學過《廣論》的同學知道在善知識德相裡有一個什麼？「悲體離厭應依止。」就數數地宣說法要，就重複地講一件事情。講久了之後你的激情還在嗎？有的人在一件事上講久他就麻木了，但是佛陀的悲心是從來沒有減弱的。因為他已經達到一個圓滿的程度，他剎那剎那都不會間斷，就給我們講圓滿的教法。所以這樣想一想會不會覺得：儘管我們在人生中會遭遇各種各種痛苦，還有師父心疼我們、還有佛菩薩心疼我們，一直想要把我們從自己不停地錯誤的習慣中拉出來、拉出來，一直講、一直講。9'47"

　　大家對「急急忙忙」自己有感覺嗎？焦躁的心，趕快找個東西趕快做，然後急於求成啊！對不對？做什麼都是急於求成，沒有做周密的規畫。而且急急忙忙，還要去找一個一定是配自己胃口的去做，結果沒有得到。所以揭示了這樣一個現象，就是佛菩薩的現象是慈悲地一直講；那麼我們的現象就是一直聽不進去，急急忙忙做自己那一套，然後結果就一直在這個苦難中。10'27"

　　所以雖然說經典是深奧，但是在我們的生命中林林總

總到處都是這樣的例子。但是這樣的例子很多很多之後，我們會不會反思呢？我們會不會由這一個一個的例子，昇華自己的生命呢？就是改掉那急急忙忙配自己胃口的習慣。如果想：「改掉這習慣多困難呢！我不是處處跟自己作對嗎？」我們想要求樂，卻得到痛苦，難道不是作對嗎？與其最後發現作對了，還不如一開始對治自己的習氣，那哪一條路更輕鬆呢？11'04"

道理是可以這樣講，但是真正做起來的時候，就回到師父說的那句話：「真正要學本論的話」、「要肯學的話」，就是真的要聽佛菩薩的話。因為求取無上菩提之路，我們並沒有成功、我們並沒有經驗，就佛菩薩有經驗。所以你不聽過來人的話，自己就是一根筋衝出去了。欸！那到最後又跌得頭破血流，不停地、不停地跌倒爬起來、跌倒爬起來。雖然一直向前衝，但是真的是受了很多傷，耽誤了很多時間。11'40"

所以面對這樣的一個狀況——不停地講、那邊不停地做自己的，怎麼辦呢？結果居然下面講了〈化城喻品〉！大家走著、走著，不走了——只要遇到困難，我們的常態

行為就是：那好，不走了！困難太大所以停止。面對這樣的，師父給個定義說：「心量太差！」但是我們會這樣形容自己嗎？我們會覺得什麼？「不是我心量太差，我已經努力了！是困難太大！」或者說：「周圍人沒有配合我！」或者說：「他沒有理解我！」或者說：「在我該得到你援助的時候你不援助我，我怎麼走下去呀？」我們絕對不會把這個原因歸結到自己身上，說我心量太差。那也許還有一種方式：「沒錯，就是我心量太差，所以我不走了！」就像小孩一樣耍脾氣：「我不想吃飯，爸爸媽媽你能把我怎麼樣？我就不吃！」不吃以後就會長不好，自己受苦，一輩子身體不好。12'46"

所以在〈化城喻品〉這裡邊講了之後，大家就可以看到，佛陀是用怎樣的心，安慰著這樣的一群弟子們——還沒到地方，佛陀就化了一個城說到了。這個譬喻是譬喻什麼呢？其實無上菩提路可以一直走到那個目的地，但是走著、走著有一些人就說走不了了，然後佛陀就說：「啊！到目的地了。」所以佛陀為我們示現了一個方便。那我們想不想要在化城停呢？還是想要一路到最後的目標？13'23"

在這個〈化城喻品〉裡，我們會不會覺得佛陀好貼心喔！再對比一下我們自己，我們遇到心量差的、不肯配合的，甩掉他就可以了，把他從團隊裡開除；帶著他總是走不遠，總是一路抱怨、一路叫苦，永遠都不行，那把他開除！佛陀什麼？欸！變個化城，說：「你到了、到了！」然後給他喝點、吃點、安慰點、鼓勵點，啊，來勁了！下面又可以走了！所以看到這邊覺得滿溫馨的。但是也是在想：一直要佛菩薩化城給我們嗎？如果能夠徹底地信任佛陀、徹底地信任佛菩薩，就一直走下去，你要走多遠就走多遠，真的會累死嗎？14'09"

所以當我們不停擴大我們的心量之後，其實我們會發現：我們的心到底能承載多少東西呢？我們還有多少腦細胞有待開發呢？我們大腦的容量到底有多大？這一輩子使用了多少？為什麼都覺得做不了了、沒有慧力了？那麼多的細胞都睡著，根本就沒有把它喚醒！這是科學家說的吧？14'36"

所以要把那麼聰明的，比一個特別特別、宇宙最厲害的計算機還厲害的——我們的慧力激發的話，那你說我們

到底這一生能成就多大的事情呢？但是，是不是就甘於眼前的痛苦、甘於這樣的現狀，沒有去用一個非常圓滿的設計，為自己的人生有一個非常美妙的規畫，然後去衝刺？拘泥在現狀的痛苦之中，不敢去奢望更美好的未來。

15'07"

# 講次 0027

# 為求省力，反而吃盡千辛萬苦

好，大家再聽下面一小段。0'03"

  這個地方，我不強調後面的，只說明什麼？說明我們真正要想學這個佛，應該一開頭的時候，先心平氣和，耐下心來，把佛要告訴我們的，正確圓滿的教法認識了，然後你開始去一口氣走的話，這個就是一生取辦。否則的話，你急急忙忙去做的話，這條是遠路，這條是遠路。究實說來，在我們沒有正確了解之前，因為我們畢竟是個凡夫，自己我也一樣地感覺：哎呀！叫我去一聽見那個佛法這麼難走，這麼長遠，誰都會害怕。但是如果你有了正確的認識，正確地了解以後，誰都會取後者，因為你害怕的結果，並沒有因為你害怕而省力

音檔　　舊版 1B　17:30～18:44

手抄頁／行　舊版 1 冊　P25-LL4～P26-L4（2015 年版）

　　　　　　舊版 1 冊　P25-LL5～P26-L4（2016 年版）

呀，反而讓你吃盡千辛萬苦啊！這是個真實的內容。所以真正重要的，假定說我們能夠如法地去了解這個完整的內容，然後去走的話，倒反而來得省事。1'18"

這是非常小的一段。我想問大家第一個問題，就是：急急忙忙要去找配自己胃口的去做，然後結果以為得到，後來沒有得到，這種毛病怎麼治啊？有在這一段找到治療的藥方吧？「說明我們真正要想學佛，應該在一開頭的時候」，師父講了四個字，什麼啊？「心平氣和」，心平氣和前面有個什麼？「先」心平氣和，別著急！別著急！然後「耐下心來」，你看急急忙忙的不就是老著急、不心平氣和嗎？說耐下心來做什麼事情呢？就是「把佛要告訴我們的，正確圓滿的教法認識了。」2'12"

「佛要告訴我們的正確圓滿的教法」，注意！這裡邊出現了「正確」，又出現了「圓滿」。所謂的圓滿，就不是枝枝節節的，它是沒有殘缺的、一路上去的。所以「認識了」，注意！這個認識，比如說：「欸！說起某某人，你見過他嗎？」說：「沒見過、不認識。」那說：「你鄰居的臉，你記得清楚嗎？」「清楚。」「你姐妹的臉清楚

嗎？」「清楚。」「爸爸媽媽的臉清楚嗎？」「那不僅僅是清楚，太熟悉了！」認識了之後，我們就一口氣開始走上去的話，師父說：「這就是一生取辦。」三行字喔！就把這麼大的一件事情交代清楚囉！想一想我們要描述一個這麼難描述的事情，豈能三行字解決啊！3'02"

所以，先是一個心平氣和的狀態，要了解的對象就是正確圓滿的佛陀的教法，一口氣開始走上去的話，這就是一生取辦。注意！下面反方出現了。「否則的話」，如果不這樣做的話，我們會變成什麼樣呢？又是老毛病發作了，「急急忙忙地去做」，就是又配自己胃口的，覺得做得挺來勁、挺開心，但是「是條遠路」。3'30"

接下來，「在我們沒有正確了解之前，因為我們畢竟是個凡夫」，師父說：「我也一樣地感覺，叫我去聽見佛法這麼難走，這麼長遠，會害怕的」。「但是如果有了正確的認識，正確地了解之後」，注意！又出現了正確──正確的認識，正確地了解，師父接下來的結論是：「誰都會取後者。」是這樣嗎？有疑問嗎？正確地了解了之後，我們就會取一生取辦嗎？為什麼？為什麼？你們有看手抄

241

吧！誰答一下？4'16"

（弟子回答：「因為你害怕的結果，並沒有因為你害怕而省力，反而讓你吃盡千辛萬苦！這是個真實的內容。」）4'21"

所以我們害怕這條路遠，對吧！然後覺得：我想那個可能是比較省力的。因為他在這裡邊一定是不願意照著佛陀一口氣走上去，就說太累了，我要找一個省力的辦法。為什麼要省力呢？因為我缺力、沒力，所以你要我跑那麼長遠的路我跑不到。師父說這種害怕的心，反而讓我們吃盡千辛萬苦。注意喔！真的嗎？真的嗎？我們能信任這句話嗎？4'54"

我們都是為了躲避恐懼的那個結果，所以選擇當下的行為，結果選錯了之後，反而讓我們更害怕，而且比原來還吃盡千辛萬苦，這種事情很多吧？不會因為我們害怕，然後急急忙忙選擇那結果，我們害怕的就不會出現，反而會更加地辛苦。是真的這樣嗎？5'18"

問完了之後，接著師父下面那幾個字是：「這是個真實的內容。」師父後來又結論說：「所以真正重要的」，就是破那種急急忙忙的狀態，「真正重要的，假定說我們能夠如法地去了解這個完整的內容」，又出現了！前面說圓滿正確，現在又出現了完整的內容，「然後去走的話，倒反而來得省事。」就是一開始不要忙著去做，先把整體的作戰規畫搞清楚，看一看我們無量劫來的生涯規畫是什麼，我要走到哪裡？先把這個成佛的地圖看清楚。6'02"

我常常說空照圖。誰拍的呢？佛菩薩拍的。然後又有嚮導，先搞清楚這所有的路，然後再開始走。不要路在哪兒都不知道馬上就上路了，那肯定不知道走到哪裡去了！你要走東山，可能不知道拐到北山，或者拐到不知道多少莫名其妙的地方去了。因為什麼呢？沒有具備正知見眼，所以行的時候就會有偏差，而且絕對是一條千辛萬苦的路，絕對不是省事的！6'39"

# 廣海明月

——道次第廣論講記淺析

第一卷

## 學圓滿教法，
## 立正確目標

線上音檔掃描

# 講次 0028

# 從鐵皮屋到嚮往摩天大廈的志向

　　大家好！我們現在開始一起學習、研討《廣論》。在開始之前，還是請大家觀察一下自己的相續，看一看自己的呼吸是否很平穩？心是否是有些亂、有些慌張？我們在觀察我們內心的時候，常常會發現：啊！好多念頭像流水一般向前趕去，像一個無法停歇的跑馬場。但是至少我們可以看到是什麼念頭在奔跑，它們跑向哪裡。這時候我們會發現：啊，有一些念頭可能應該停了，應該專注到《廣論》上。0'56"

　　為什麼要專注到《廣論》上呢？師父說了，人生的頭等大事就是要考慮：究竟什麼是離苦、什麼是得到快樂的那條最究竟的路？次第是什麼？因為生生世世都是在尋覓

音檔　　舊版 1B　18:44～19:37
手抄頁／行　舊版 1 冊　P26-L5～P26-LL5（2015 年版）
　　　　　　舊版 1 冊　P26-L5～P26-LL5（2016 年版）

著如何離苦、如何得樂的這件事。如果在此時此刻、在研討《廣論》之前，我們能夠再一次地問問自己的心：什麼是真正的離苦得樂之道？究竟離苦得樂的那個果位就是佛果，那麼成熟它的因是什麼？成佛的因是什麼？這個因，我們怎麼才能夠得到、才能夠知道呢？當然要聽聞，要從聽聞得到。要聽聞的話，我們就必須知道怎麼樣聽聞——首先要了解聽聞的勝利，乃至如果不專注聽聞的話，會有什麼過患。2'08"

這些可能學過的老同學都知道，新學員可能還不太清楚。只不過現在還是要注意到那個問題：為什麼來上這節課？就談到了發心。發心會牽引我們的心朝著一個方向走去，然後也會朝著那個方向成熟為未來的結果。所以我們今天還是要再再地策勵自己——哪怕是造作的也可以——為了利益無窮無盡的有情，我必須去成佛；為了成佛，我要來聽聞《菩提道次第廣論》。所以這一節課無論時間多長、多短，我所造作的業都是為了成就無上菩提。那麼對我們來說生生增上，它的未來，時間是非常地悠遠，有一個無盡的精進的過程，所以想起來還是滿令人歡喜的！3'05"

那麼接下來我們要聽師父講的這個譬喻。可能這節課你們都預習了，因為常常跟你們說，在我們研討之前，一定要把師父講的原文預習一下。預習的時候，你們就會提到問題，或者有一些什麼樣的感覺。這樣的話，我們今天再一起研討的時候，就是再一輪、再一輪，它就會有不一樣的提升，所以事先聽聞非常地重要！而且事先你找幾個同學一起研討一下，大家各自的難點都不一樣，各自的著重點也不一樣，實際上是非常興趣盎然的一個探索。我希望學習《廣論》是非常非常令我們生歡喜心的一節課，是一個減壓的課，是一個把心中很多很多糾結逐步打開的這樣一節課。所以請大家要專注地聽聞，下面就可以聽師父的帶子。4'09"

那麼在這個地方，我來說一個比喻，說明這件事情。比如說，我們現在來造房子吧！這麼說，我們覺得要造個房子，那麼，夏天太熱受不了，冬天太冷，颱風的時候……造個房子。急急忙忙造一個房子，簡單一點，只要可以住得進來，只要弄個鐵皮釘一釘，是，什麼都不要。到了那個時候發現，不是的呀，這個房子不夠呀！你要真正地要想達到圓滿，不是這樣。那麼這個

比喻什麼？就像我們現在覺得很苦惱，那麼我們趕快要找一個安樂的地方躲起來呀。結果我們發現，真正徹底圓滿地要躲掉這個痛苦，得到這個安樂的地方要佛，像造個房子，要造一個摩天大廈一樣，所以那個時候你要重新改建。5'05"

這一小段大家剛才有注意聽吧？我來提個問題喔！很多同學這一段可能已經聽到好幾十遍，或者很多遍了，就是造房子和重新造的問題。那麼在一開始的時候，師父用建造房子這樣一個例子，首先說了為什麼要造房子——當然為了抵禦很多痛苦，比如寒冷啊、酷熱呀、颱風啊！然後接著師父說了「急急忙忙造一個房子」，注意這四個字「急急忙忙」造一個房子。然後下面又出現「簡單一點」，然後又出現「只要可以住得進來，就弄個鐵皮釘一釘，是，什麼都不要！」所以可以看到這是一個解決急需狀態的人，對吧？因為他想要趕快地離開痛苦，離開這些颱風啊、什麼酷熱、寒冷啊，就用鐵皮釘一釘，就是鐵皮屋吧！他需要一個鐵皮屋，在鐵皮屋裡邊可以讓自己舒適一點。6'17"

　　注意喔！下面我提的問題就是說：你是要一個鐵皮屋嗎？你的精神深處只需要一個鐵皮屋，然後你就得以安靜地休息在其中了嗎？或者安靜地愉悅在其中了嗎？鐵皮屋可不可以讓我們的心真正地達到徹底的愉悅呢？6'42"

　　師父下面話鋒一轉說：「到了那個時候發現，不是的呀，這個房子不夠啊！」到了哪個時候發現？哪個時候呀？有答案嗎？到了什麼時候他發現：這些東西還是不能夠令我的精神達到徹底的大自在，達到究竟無憂無慮的那樣一個狀態？就是這一個鐵皮屋實際上不能滿足我的需求。當人們發現了這一點之後，可能要重新來過。所以師父說在這裡邊比喻，說：「現在很苦惱，趕快找一個安樂的地方躲起來。」趕快找一個安樂的地方躲起來，他這個安樂是對比於原來的痛苦，是安樂一點點。但是師父說：「結果我們發現，要真正圓滿地躲掉這個痛苦，得到這個安樂的地方要成佛。」「結果我們發現」，注意喔！他這裡邊有好幾個轉折了，說：「到了那個時候」，然後「結果我們發現」，這都是什麼時候呢？為什麼他到那個結果他發現了呢？說這個佛果就比喻成一個摩天大廈，所以那個時候你要重新改造。8'07"

在這裡邊我要提的問題是：只有錢蓋鐵皮屋，會想要摩天大廈嗎？有幾個人一開始就會想要摩天大廈？他會覺得鐵皮屋就是我全部的夢想，有了鐵皮屋就滿足了。從鐵皮屋到摩天大廈的嚮往是怎麼發生的？為什麼這個一開始用鐵皮屋就可以滿足的人，後來卻想要摩天大廈了？因為這樣才要改房子，如果從始至終只要鐵皮屋，他就不會想改房子。為什麼？為什麼他想要摩天大廈了？8'49"

如果他要摩天大廈了，那我再問大家一個問題：是不是他從心裡邊真正地需要摩天大廈？需不需要？他發現了他內心的這個需要。那麼為什麼他發現了內心這個需要呢？他一定是看過摩天大廈，哇！發現這裡邊什麼都具足，又避震啊，還有很多，可能什麼功能都具足，而且夏天不熱啊、冬天不冷啊！9'24"

當然這裡可以譬喻，我們這個成佛的路上，比如說有親近善知識法，然後念死無常、三惡趣苦……所有的法類，讓我們的內心生起證德的那些類別，全部都具足。如果只了解部分的道次第，比如說只了解一個念死，甚至連念死的次第都不知道怎麼修，你就是得到那點東西──也

是沒錯——但是你一看到這麼琳琅滿目的寶物、這麼壯麗的摩天大廈的時候，是不是內心中才會生起那個志向，說：「我要摩天大廈！」否則是不知道世上還有比鐵皮屋更好的東西，我覺得我得到的可能就是全部了。10'09"

　　所以這個人就說：「不是這樣！」然後到那個時候還有說：「結果我們發現……。」這過程需要他視野的一個開拓、心胸的一個開拓，他已經站在一個很高的地方瞭望過了遠景，然後他發現他那個起點好像放得不太對。所以這個時候，這鐵皮屋就成了障礙了！就是這個人進步了，他發現他最初的那一步是障礙；如果他沒進步，他發現他一開始沒錯，可能還沾沾自喜說：「我那個小鐵皮屋還是不錯，因為比沒有好。」現在不是說鐵皮屋跟沒有比，是鐵皮屋跟什麼比？跟最圓滿的、心中的自我的生命狀態要達到的那個境界相比。所以這個人志向出現了，他的志向！如果他的志向一出現的話，那豈是這個地方能圓滿他的呢？所以接下來可能麻煩就來了。11'12"

線上音檔掃描

# 講次 0029

# 依著志向，小心編排修學次第

好，現在我們來聽下一段。0'03"

　　不過這個地方我們往往有一個問題就來了。那你改建，第二次改建的時候，這個老房子嘛，拆掉重來，拆掉重來一趟還可以。我們往往有這個毛病，說：「哎呀！現在這個一間不夠……」因為我們南普陀就是最好的典型，一間不夠再加一間，一間不夠再加一間；東加一間、西加一間，往東面加一間，往上面加一間，往那面加一間，加得非常凌亂，到後來，你簡直不曉得它怎麼辦是好！不過，好在我們現在這個架子向兩邊還寬；實際上它不是，它是個高樓大廈。我說一層，然後呢，二層，對不起，你造三層的話，這地基不穩，不行的。

音檔　　　舊版 1B　19:37～20:35
手抄頁／行　舊版 1 冊　P26-LL4～P27-L6（2015 年版）
　　　　　　舊版 1 冊　P26-LL4～P27-L6（2016 年版）

怎麼辦呢？把它拆掉重來，所以我們往往說造了三層，造一層的時候，覺得馬馬虎虎，造了再說。要造二層，還可以，造到三層的話，把三層全部拆光，地基重來。然後呢，造了四層、五層，到了那時候，你又全部拆光又全部重來，我們常常做這種事情。1'04"

剛才說當我們有了一個志向之後，我們的問題就來了，請問是什麼問題呀？師父的原話說什麼呀？「改建」是吧？改建。改建是什麼意思啊？就是把老房子拆了重來對吧？然後師父說：「拆掉重來一趟還可以，我們往往有這個毛病」，看起來這件事就不是一趟，是不停地重複的，就是拆房子、蓋房子、拆房子、蓋房子……，我們蓋的東西就是為了將來拆掉，是不是這樣？我們不停地蓋、不停地蓋，只是為了把它拆掉，要蓋更好的。1'48"

如果一個人這樣蓋房子，就覺得他家好像滿有錢的，把蓋的房子打掉，比如說一層樓打掉，再打個地基，再蓋兩層樓；過一段時間他又蓋更高的，把二層樓和二層樓的地基全毀掉，再蓋更高的，看起來是非常非常有錢的，因為他不停地折騰。但是他為什麼這樣不停地折騰呢？為什

麼他想要越來越多、越來越多？為什麼越來越多？2'13"

　　還是那句話——隨著聞思的視野的擴展，我們越來越發現我們想要佛果，我們很想希求那個佛果，因為只有那個佛果出現，我們才能夠去利益所有所有的如母有情。一開始可能是看到佛法了，非常非常地殊勝，我們只想在這個佛法的大海中取一瓢水，自己解一下飢渴，然後坐在岸上休息一下疲憊的身心，就心滿意足了。但是我們放眼看去，看到越來越多的生命比我們生命的現狀可怕得太多，這個時候就不能滿足於自己被滋潤的這種樂受，我們就要去幫忙那些還沒有找到一滴水的，甚至就要渴死的，我們還要從這裡邊把水送給他。3'08"

　　所以隨著我們視野的遼闊，想要利益更多更多的人的時候，我們就發現我現在有的真的不夠、我所學的根本不行，一去幫忙別人馬上就碰壁。那怎麼辦？就得加強自己的力量。要加強自己的力量，就得要「聞多、思廣、修行深」，因為任何的阻礙都跟慧力的高度有關係，智巧才能無憂嘛！所以我們想要去利益別人、想去幫忙別人的時候，就會想要自己變得更強大。變得更強大，不是為了名

聞利養，而是真的能夠幫助那些我心疼的人，我不忍心看到這些事情，我不能背對著他們完全裝作沒感覺，也不能裝作我很快地又遺忘，這些都做不到，那我就自己要變得特別特別地強。那利益眾生最強的、最強的導師到底是誰呢？我們天上人間找來找去、找來找去——那還是佛陀！最終我們還是會選擇一定要蓋摩天大廈，所以一定要去成那個佛果。4'22"

可是開始亂修的那些——今天在這兒修一下、明天在那兒修一下，最重要的是我們修出了一點覺受之後，就會在那止步不前，而且為那點覺受沾沾自喜，看不到前方更遠的路，也看不到自己的局限。如果我們不請一個非常非常了知這條路的嚮導，去詳細地詢問的話，也許我們在山腳下就以為自己在頂峰了。要對比一下才知道：喔！原來我那是一個鐵皮屋，原來還有高樓大廈。4'57"

所以，師父講的這個重建的過程是非常非常辛苦的，因為你會發現，你辛辛苦苦建的，最後你又要把它拆掉，費了更長的時間、更多的辛苦。而且，注意喔！這個人有這個毛病，他就喜歡趕快建一間、趕快建一間，然後過兩

年趕快拆掉。其實他重建一間和趕快拆掉的動作都同樣地快，因為什麼？沒有總體設計圖。為什麼他沒有總體設計圖呢？可能沒有那種設計高樓大廈的總工程師跟他做朋友。而《菩提道次第廣論》，就是一個成佛總體道次第的藍圖，師父就像一個工程師一樣，把這所有的藍圖怎樣、怎樣設計的詳細地講給我們聽。然後我們開始對成佛這條路產生了熱烈的嚮往，所以就會看到：喔！原來我對佛法那點見解可能連鐵皮屋也不夠，所以這時我們就想拆，但拆完了之後到底會不會急急忙忙又建一個？6'00"

我的意思就是說：道次第、道次第，最初的次第應該是打地基，對吧？最初的次第是打地基，但是一層樓有一層樓的地基、七層樓有七層樓的地基。像去年我們就想把一棟房子改建，就是跟師父說的一模一樣，因為什麼呢？出家人住不下。想去改建的時候，去問那個設計師，設計師說：「這個樓房完全不可能加高，因為它的地基就只有兩層樓。」怎麼辦呢？好吧！那把陽臺再做一個房間，可能還能住幾個人；然後陽臺又住滿了，又住哪呢？想要再往前改；前面一挖會挖到那個管線。所以想來想去還是想把它蓋高，想把它蓋高，又涉及到地基的問題。6'49"

　　其實師父舉這個例子非常非常現實，因為城市的人很少有自己想蓋房子，都是拎著行李箱搬進了新家，不知道所有蓋房子的過程。我原來也是不了解的，來到了加拿大之後，跟很多法師一起研究蓋房子的事情。然後我發現有的房子真的是需要拆掉，但是那不是我們蓋的，是別人蓋的，它就在中軸線上，影響整體設計，一定要把它拆掉，可是你又捨不得。後來我們就去問：有沒有一種技術可以把整個房子都搬走的？結果還真問到了！說有一些房子可以從地面上切掉，然後放在一個車上，拉到一個地方再把這房子挪下來，座落到一個新的草坪上。我們就是這樣搬了兩棟房子，其實費用也不是很低，但是總比重新蓋要好一點，所以就把那個房子整個地搬家了。房子搬家那天，我覺得很新鮮想去看：欸！是什麼樣的車可以拉走一棟房子？其實也就是那樣，就是大車嘛！7'56"

　　當時我就想到師父在《廣論》上講的這個拆遷的公案。拆遷的過程是很辛苦的，比如說你去問一個設計師，說：「我要接一棟房子，怎麼樣再接出一間？」設計師通常都說：「你不能打掉重蓋嗎？」打掉重蓋誰捨得呀？關鍵是那是你的心血蓋的，你捨不得。就像你的覺受，如果

一個老師說你的覺受是錯的，你肯聽話的話，還肯改，因為是錯誤的修行方式導出來錯誤的覺受；如果是不愛聽話的，就不敢去找老師了，然後就自己偷偷地還是把自己覺得那個鐵皮屋好的感覺一直留著。8'35"

所以很多人沒有蓋房子的經驗，我也不能說我有，但是我已經參與了很多建設的過程。在我們僧團如果這樣的話，那肯定環境很快就被我們破壞掉了，因為東加一間、西加一點——啊！這個班來了加幾間，那個班來了加幾間，很快一個寺院區就全部亂掉了，所以它一定要有整體設計圖。8'58"

那麼對我們的人生來說，我們基於現實的需要：啊！現實需要這個，我趕快去了解一下，學點這個，然後過兩天過關了又不要了。零零碎碎的，忽而東、忽而西，忽而上、忽而下，就這樣，對自己的所學沒有一個總體的次第和一個究竟的目標。花了很多時間東學、西學，但是到底對改變自己的身心上的習氣毛病，甚至建立正確的聞思修的一個習慣，有多大的扭轉？基於眼前的需要而去學的，還是基於眼前乃至長久的需要去學的，這兩者完全是不一

樣的。基於眼前的需要學的，你可能很快這個難關過了，你就不想要了；基於無限生命的角度，我們來求取無上菩提，我就知道這個地基一定要深深地打，因為我要建立的是佛果那樣的摩天大廈，那麼它一開始的地基一定是要為那個佛果而建立的。10'09"

請問：那個地基到底是指什麼呀？為鐵皮屋不用打地基嗎？在地面就好了。那麼可以說這兩個人都在建房子，一個建摩天大廈、一個建鐵皮屋，但是鐵皮屋有可能最後被改掉，這兩個人他們的次第完全是不一樣的。注意喔！現在你們可以想想，一個是要鐵皮屋，一個是要成佛的摩天大廈。這兩人同時建房子，然後鐵皮屋很快就出現了，那個蓋摩天大廈的，可能只是打地基還沒打完，上面什麼都沒有，但是它是非常非常扎實的。那麼為什麼這個人會建到摩天大廈，而這個人只建到鐵皮屋呢？注意！為什麼你會覺得你想要摩天大廈，你不滿足於鐵皮屋？這說明志向！10'57"

志向從哪裡來的？志向從哪裡來的？一般都是老師教的，是吧？我們作為人，怎麼可能行於天地間沒有志向？

那麼行於天地間的人就都有志向嗎？志向對我們到底意味著什麼？就是我們對所有生命的那一份責任感，我們對所有的生命離開痛苦、得到快樂的那一份承擔，或者說你的那一份熱衷。如果你覺得：啊！學佛原來可以把我的心變成是這樣子，可以又幫到自己、又幫到這麼多這麼多的有情，那你就要非常小心地編排自己修學的次第。11'42"

那麼是自己編排呢？還是跟著過來人看一看？所以師父講的是建了一層、拆了一層；建了二層、拆了二層；建三層，想要往上蓋的時候，他連三層都拆掉。這個人就是建多少、拆多少，直到有一天他的地基是為摩天大廈打的時候，他就不用拆了。但這個摩天大廈的地基到底是什麼？是否是一開始走這條路的發心呢？發心就是志向，對嗎？可以這樣理解嗎？就是我想要成佛，和我只是解決眼前問題。如果是只想眼前問題，可能就是不停地拆；發心就為求正等菩提，那麼你的所學都會為自己的這個願力所攝持。12'33"

不知道你們聽得怎樣？是不是走神了？應該不會吧！12'39"

261

# 講次0030

# 沒有力量沒關係，一步一步來

好，現在我們來聽下一段。0'03"

我想我們眼前這種感受很多，我們跑到馬路上，那是剛造好，過兩天又挖一個洞，原來這個還沒弄好；過兩天又挖一個洞，原來那個東西還沒弄好，我們總覺得不方便。現在我們修學佛道也是如此，所以在這個地方不是，我們一開頭時候，先把那個基礎穩固。說我們要造一個摩天大廈，雖然現在沒有這個力量，但是沒有關係嘛，我一步一步來，我一定要從那個基礎造好。如果我有了正確的認識，一開始有這個規劃的時候，你第一步，就把那基礎造得非常穩固。到那個時候，然後再一層樓，到那時候一層樓，你一直造上去，一直造到個摩

音檔　舊版1B　20:35～21:31
手抄頁／行　舊版1冊　P27-L7～P28-L1（2015年版）
　　　　　　舊版1冊　P27-L7～P27-LL1（2016年版）

天大廈。當你一步一步造上去，不是說非常辛苦，當你
造了一步的時候，你可以說造好了，你可以安住在一
樓；再造了，可以安住在二樓；再可以造上去，安住在
三樓。你這樣地層層上去，到最後圓滿的時候，整個的
金碧輝煌那個大廈都起來了。這個裡邊的差別，差得天
差地遠。1'03"

　　這裡邊師父提到了一種心態，說：「我們要造一個摩
天大廈，雖然現在沒有這個力量……」其實這句話可以對
境用在很多很多事上。我們現在不單單是對於成佛覺得沒
有力量，我們甚至對著活著每一天要遇到的事情，當壓力
太大的時候，我們有力量去承擔嗎？我們還是沒有力量
的。那麼，當沒有力量的時候，師父說什麼呢？師父說：
「但是沒有關係嘛！」我們沒有力量的時候，我們會說什
麼呢？會說：「我要退了、我要逃跑了，你來吧！」或者
說：「我不管！」很多很多時候，有沒有把師父的這句話
想一想，說：「現在我沒有力量，沒關係嘛，我一步一步
來。」注意！下面的希望又再一次地出現——「我一步一
步來！」2'06"

　　我沒有力量，難道是我什麼都沒有嗎？我走一步的力量都沒有嗎？我生起一個善念的力氣也沒有嗎？實際上，還是有的。因為任何看起來很絕望的境界、絕望的事情、令我們絕望的人，我們還是可以在這個對境上，讓我們的心生起一個希望。希望的燈，哪怕像豆粒那麼大，那麼大的光亮，還是可以成為光明的。那也許就是我們腳下的第一步，就是我們踏出的第一步，叫「一步」，然後再一步、再一步，一步一步來。所以在心上是不能輸的，無論是成就無上菩提，還是對於每天面對的大大小小的這些煩煩擾擾的事情，如果自己放棄了去追求一個更完美的、更圓滿的生命狀態，那我們就是真的輸了。3'09"

　　所以到底有沒有說「我沒有力量」這件事呢？有的，說：「雖然現在沒有這個力量」。但是很多很多時間過後，我難道不會有這種力量嗎？為什麼很多年之後我會有力量呢？因為我一步一步地打著基礎、朝上面走。所以現在我沒有力量這種現狀的下手處是什麼呢？師父說：「沒有關係嘛！」我們會覺得「沒有力量」這件事沒關係嗎？沒有力量這件事非常嚴重啊！會造成我們生命的混亂，乃至我們參與到幫忙別人的事情上，也會造成別人生命的混

亂，因為我沒有力量，所以滋生了太多太多的問題，甚至是災難。沒有力量這件事，怎麼可以這樣輕輕地說：「沒有關係嘛！」這麼大一個事情，為什麼這樣一位高僧他說：「沒有關係嘛！」大家有思考過這個問題嗎？4'14"

師父他老人家不僅僅是這樣講的喔，他也是這樣做的。在每一次、每一次遇到各式各樣的問題去問他的時候，總沒有絕境的時候，總沒有無路可走的時候；總有一個希望、總有一個落腳處，甚至總有一個令你歡喜的點。所以，當我們遇到覺得自己的力量不足的時候，師父在此處教我們這個理路，可不可以用得上呢？「沒關係嘛！」前面那些絕望、沒有力量，可以接到這句話。然後注意：「一步一步來！」請問當下的我應該幹什麼？應該馬上轉變由於覺得沒有力量而產生的什麼？很多的像瀑流水那般的非理作意。5'05"

比如說法師剛去承擔教小班的同學，你怎麼樣上課小孩才能不走神呢？你講的道理，他們聽起來是很親切的，還是很高遠的呢？一講沒講好，就覺得自己沒有力量，沒有力量就可以退嗎？如果大家都退了，誰來培養沙彌呢？

還有俗眾的事業也是呀，甚至在一個家裡也是。比如說做一個飯，大家都知道初次學做飯的時候可能都是滿慘的，要不然弄著火了、要不然米生了。我第一次做餅的時候，那個餅就是用牙咬都咬不下來。其實用很大的力氣，要把那個麵餅弄成那樣子都是很困難的，我現在想一想都成了笑話。小的時候第一次烙餅還請我們同學去吃，然後她就用牙咬著那個餅，晃著頭咬都咬不下來，那不僅僅是因為我倆小的原因。把一個麵餅做到那麼硬，刻意那麼硬可能都不容易，所以那錯誤就是那樣的。如果那時候就覺得自己沒有做飯的天分的話，也許以後我見到你們的時候，就不能給你們煮湯喝了。我現在會煮很多種湯，還會炒菜，都是源於我覺得我沒有力量的時候就可以練。其實你們都有這樣的故事。6'27"

所以這個理路，雖然師父是在蓋房子這個例子裡邊寫下的，但是記住這個理路，終身受用無窮，甚至生生世世受用無窮。當你沒有力量的時候，就想到師父的這個理路——請問當下一步該做什麼？積蓄力量啊、打基礎啊、慢慢強大呀！而不是退怯。6'48"

　　所以師父說，注意下面又有一句話說：「如果我有了正確的認識，一開始有這個規劃的時候……。」注意！又提到了「正確的認識」。對於沒有力量這件事，我們對它的正確認識是沒有的——沒有力量嘛就退，而不是「沒關係」。7'10"

　　所以有了這個計畫之後，把基礎打得非常穩，而且下面師父講了非常令人喜出望外的一件事情。就是有了這個圓滿的計畫之後，我們開始走的時候，一層樓就有一層樓的功夫的喜悅，一層樓亦有一層樓聞思修的光景。有一句話說：「像芝麻開花一樣，節節高。」都是一步比一步更加地喜悅，而且我們每走那一步成功，就可以看一下當下的風光。7'44"

　　在跟隨師父學習的時候，也常常會聽到法師們請問師父問題，然後師父回答。那個時候我也在心裡想一個我的答案，然後聽到師父的答案。我就在想：這到底是差距在哪裡？要怎麼學習？那時候我驚訝地發現：無論是什麼類型的問題提給師父，師父一定會告訴這個同學當下的一步是什麼；絕對不會給你提一個跳懸崖那樣的一件事情，你

根本就不敢做，或者你根本就覺得腳下是空的。所以師父給我們的理路是非常踏實的，他說：「在可進可退的時候，一定要進一步。」為什麼進一步？進一步那個是很踏實的。師父認為後面是沒有退路，後面是虛著的，前面是踏實的。8'32"

注意喔！如果把這個理路記住的話，你還可以把它布施給很多很多覺得自己力量不足的人。這個可以一輩子不停地反覆地用，而且越用我們就會覺得：當我力量不足的時候，沒關係嘛，當下一步是什麼？然後馬上找到當下的落腳點開始改。至少要有一個積極的看法吧！要有一個積極的看法。8'56"

比如說我們聽聞《廣論》這件事，你說把這麼厚一本書聽完，甚至到後面〈毗缽舍那〉會不會有問題呢？有沒有很多困境呢？有啊！但是你當下的一步是什麼？就跟著全廣聽啊！每天這麼點時間，聽、聽、聽，就全部都聽完了，你就創造了一個奇蹟：聽聞了宗大師最殊勝的那本論著──《菩提道次第廣論》！而且在這本論著裡還有那麼多的經、那麼多的論，甚至將來法師們還會在這個全廣的

推廣過程中，再加入一些五大論的課程來一起討論。這個學習的課堂是非常非常地豐富多彩的，所以不要中途逃跑喲，那你損失就太大了！9'37"

所以在這裡面說：一直造上去、一直造上去，每上一步不是說非常辛苦。當你造了一樓的時候，你就可以安住在一樓；再造了，又可以安住在二樓；然後又安住在三樓，每一個次第都有每個次第的無限風光。所以成就佛法，也就是去了悟自己內心的真諦，對自己所有的內心的一切都看得清清楚楚。每多看到一分就去掉一分無明；每多看到一分，沿著看到的一分去取捨，我們就會多一分喜樂、少一分罪苦。這真的是離開痛苦、得到快樂的過程，是很美的一個過程。所以也非常恭喜大家、隨喜大家，正走在這樣的一個過程之中。10'26"

你們聽了，現在在微笑嗎？10'29"

線上音檔掃描

# 講次 0031

# 讀聖賢書，立聖賢志

好，上一節課我們學到：我們想要建一個摩天大廈，但是「雖然現在沒有這個力量，但是沒關係嘛，我一步一步來，我一定要從那個基礎造好」。所以當我們沒有力量的時候，師父給出了「沒有關係嘛！」這樣一個雲淡風輕的回答。那麼「沒有關係」之後的路是什麼呢？居然是「一步一步來，從基礎造好」。那我就會問說：一步一步來，我就會有力量嗎？0'40"

然後師父下面又回答說：如果你造好了第一層樓，你就可以在第一層樓上安住；如果造好了第二層，就可以在第二層安住。實際上在我們的內心中，當我們修習善法的時候，注意到腳下的次第：首先學會觀察，觀察點在於觀

音檔　　舊版 1B　21:31～22:26
手抄頁／行　舊版 1 冊　P28-L2～P28-L9（2015 年版）
　　　　　　舊版 1 冊　P28-L1～P28-L8（2016 年版）

察我的心朝著什麼樣的造業方向，我的思路是什麼？彷彿有一面明鏡，我們攬鏡自顧，會看到：哎！我的臉是怎麼回事？我心靈的臉孔是愁雲慘霧，還是朝氣蓬勃？面對這種狀況，是不是總有路？是不是每一次都是可以看到腳下？實際上師父告訴我們的經驗是，每一次你覺得絕望的時候，腳下都有路的，永遠都有路的，而且那一條路是一條好路！一定要踏上好路，才能越來越好、才能越來越有爆發力，我們的心才能越來越強大。1'42"

所以上面師父用了挖馬路啊、重新蓋房子啊等等這些喻。那接著再聽一小段：1'49"

剛才那個比喻，雖然是好像很可笑，實際上，我想我們人人感受得到。那麼，現在我們修學佛道，也是如此。所以宗喀巴大師在這個地方示現給我們看，他們很多當年印度的大德，都是這種風格。所以我們目前，我在這地方要特別說明這件事情的道理，也就是這樣。在我們開始的時候，我覺得我們就應該對這個教法，有一個完整的認識。不過，這個地方並不是告訴我們說，我們要學宗喀巴大師這樣——他是一個密的，我們也是要

密。不！這個意思是說，你對整個的教法有了圓滿的認識，把你的目標確定好了以後，那時候你進一步選你現在相應，應該走的路。比如對我們現在來說，我們應該走的淨土，那時候，你才是走淨土，一門深入。2'48"

師父說：「剛才那個比喻，雖然是好像很可笑」，我想在最開始聽第一輪的時候，可能聽到這裡，很多同學也會覺得很可笑。想一想聽第一輪的時候，會不會有可笑的感覺？但是再聽的話，聽到師父說：「雖然好像很可笑」的時候，就會寒毛直豎。為什麼呢？剛才師父用那個譬喻呀，其實就在說一條成佛的近路和成佛的遠路。這涉及到我們在輪迴裡，到底經歷怎樣的曲折、怎樣的痛苦，才能達到離苦得樂的究竟目標？還是有一條直路，用最小的辛苦、最小的代價，就可以走到那個最美的地方？實際上，聽這樣的事情是不可能覺得好笑的。3'43"

但是如果只聽師父舉這樣的例子——挖馬路啊、造房子，我們會覺得：這個人怎麼會這樣做呢？自己蓋好的房子又拆掉。但師父說：「實際上，我想我們人人都感受得到。」就從這樣一個我們可以看到、可以感覺到，但聽起

來有點不正常的例子，讓我們注意到我們內心中，自己覺得很合理，實際上拿正理去衡量，會覺得好像瘋了、好像傻了一樣的那樣一個認知——對自己離苦得樂之路的目標的那種認知。所以今天讀到「雖然好像很可笑」，我心裡的感覺是反的，一陣酸楚啊！如果沒有師父透過這樣一個平凡、司空見慣的例子，來講這麼深的一個道理，我們如何能從《菩提道次第廣論》一開始的時候，就意識到要成佛的這件事啊！4'45"

所以師父又舉了說：「宗大師在這個地方示現給我們，當年印度的大德也都是這種風格。」請問：哪一種風格呀？你們有思考嗎？大家小組研討的時候，有沒有討論是哪種風格呀？後來師父說：「在我們開始的時候，我們就應該對這個教法」，注意！「我們開始的時候，就應該對這個教法，有一個完整的認識。」對教法有一個完整的認識，怎樣能做到呢？比如說一本《菩提道次第廣論》，你怎樣對它有一個完整的認識呢？一定是把它都看過吧，把它都讀過。你不能說翻了其中的一頁你就完整地認識了，所以一定是有一個經年累月這樣長期學習的過程，然後才會有一個完整的認識。完整的認識之後，師父在這裡

邊說：「對整個的教法有圓滿的認識，把你的目標定好了之後」，進一步才選相應的，說淨土啊還是學什麼呀，再選相應的。5'54"

請問：看了這整本的《菩提道次第廣論》，對這個教法有圓滿的認識之後，就能確定目標了嗎？為什麼我們對於教法有了圓滿的認識，就可以確定目標呢？那沒確定目標的，都是沒有對教法產生圓滿的認知嗎？你們的討論是怎樣的？那麼為了確定目標，我們才對整個教法要有圓滿的認識嗎？有在聽問題嗎？還是這三個問題粘在一起了？沒有吧？6'28"

所以，又開始出現了！你看看，師父從舉那個鐵皮屋、鐵皮釘一釘，到摩天大廈，到這裡又出現「把你的目標確定好」，所以目標可以認為是一個人的志向嗎？那麼是否是對整個教法有圓滿的認識之後，我們就可以有志向？因為聽了那麼多、看了那麼多，當然要選最好的！當然要選對自己和對我所有愛護著的人們、愛護著的生命一條最好的路啊！因為離苦得樂就是我們的本能嘛！一定要去選一個最好的，因為最好的才不虧了這一生乃至生生世

世我對真理的追求啊！所以從這個角度來說，我們對教法有一個完整的認識、圓滿的認識這件事，和目標息息相關！7'24"

所以讀聖賢書才能立什麼？立志做聖賢，對不對？那現在我們是讀聖賢書吧！此時此刻的你，是不是在讀聖賢書？那會不會立聖賢的志向？那麼聖賢的志向，一定不只是為了讓自己離苦得樂的，只管自掃門前雪，那肯定當不了聖賢，一定是兼濟天下的。他的認識、他的才華、他的才能，不僅僅是饒益自己而已，而且成滿很多很多有情離苦得樂的願望，去幫忙他們，跟他們做同行善友，去幫助一切，這才是聖賢的志向！8'10"

那麼再反過來問大家：這個志向好像很難立，但是如果有一個願意幫忙所有的人，還有一個只願意顧自己的人，那你願意跟誰交朋友呢？你覺得跟誰交朋友你會比較賺呢？一定是樂於助人的那個朋友，你比較願意交吧！因為萬一到了什麼為難的時刻，那個朋友一定會對你伸出援助之手，甚至他會為了你捨卻自己。一定是這樣的摯友最難忘吧！最可交！所以看起來我們喜歡這種人，而且我們

從骨子裡熱愛這種人，因為這種人在生命裡多好呀！到什麼時候他都是我們的力量、都是我們的溫暖呀！9'04"

　　所以並不是因為菩薩或者佛道之難我們沒有去選，是不是我們沒有對整個教法有圓滿的認識，所以沒有確定好目標？師父在這一小段，是否揭示了一個這樣的道理？那麼這樣的道理說明什麼？就說明了在確定志向的時候，我們讀經典、學經典是非常非常重要的事情！所以這就是為什麼再一次要跟大家每天研討全廣，因為很多人學了很多年之後，認為《廣論》是否都學完了，沒什麼好學的了。但是真的是沒什麼好學的嗎？還是我們的學習停滯不前了？那麼學經典既然這麼重要的話，無論我們多麼忙，是否應該在自己的生命中把學經典這件事固定下來？讀經典、讀聖賢的書、學做聖賢，這件事是不是我們生命的頭等大事？如果是的話，而且你也這樣做了，那你想想師父該多開心啊！10'09"

線上音檔掃描

# 講次 0032

# 每天聞思教典，找到當下一步

在每一行字、每一行字，師父都在引導著我們的志向——千萬不要淹沒在個人的喜怒哀愁之中，一把琴只為自己的苦樂而歌唱，應該去看到更多更多的有情。而且當我們完成幫忙別人的時候，注意喔，注意！有時候你突然發現，其實是那個人幫了你，你心裡怎麼也過不去的那個坎兒、那個糾結，在幫他的過程中，不知道為什麼你穿越了。0'37"

我提一個反的：「哎呀！我沒幫人還好，越幫人是非越多，我這生命是過得越來越痛苦啊！」事實是這樣的嗎？你們在點頭嗎？我沒有看到。是在點頭嗎？有人點頭、有人搖頭。0'56"

音檔　　舊版 1B　21:31～22:26

手抄頁／行　舊版 1 冊　P28-L2～P28-L9（2015 年版）

　　　　　舊版 1 冊　P28-L1～P28-L8（2016 年版）

那麼可能你在幫別人，越幫你自己問題越多，為什麼呢？因為原來你不出去看看隔壁家在做什麼，後來看隔壁家：哇！老人要養；又隔壁家，小孩要帶；後來看到在前面人家，那個寵物狗狗生病了，我還得帶牠去醫院。你開始幫忙很多很多人，這時候你發現什麼？你亂了，你步伐亂了、心亂了，所以你的苦也就多了。你的苦多了是為什麼呀？因為你承載了比你自己原來多的重擔。但別忘了，這個時候你的心也比原來強大了。一旦你突破了這個關口之後，你就會去承載更多的人；或者你可以站在此處欣賞自己，你發現：哎！我已經超越原來了。因為終究只為自己活著，不是什麼愉快的事吧！1'48"

所以就像師父說的，你沒有力量承載那麼多——注意喔！現在考試開始了，你有沒有意識到我在考試啊？「哎呀！幫忙幫這麼多，越幫越苦啊！怎麼怎麼……。」接著說：「我沒力呀！崩潰！」「爆掉了！」對吧？什麼東西爆掉了？正念爆掉了嗎？那你就慘了！我們要把那種虛弱爆炸掉。所以還是那樣，沒力了，沒力了怎麼辦？想想師父說什麼來著？「啊，沒關係，一步一步來！」那請問：我們幫很多人覺得痛苦，這時候你的第一步是什麼呀？奠

定自己的發心。不要認為越幫別人我的生命就越亂，問題不是出在我們幫忙別人，而是出在我不太會在幫忙別人的時候調整自己。 2'35"

那麼腳下的第一步是什麼？要調整自己，而不是幫忙別人這個方向錯了。因為早晚我們都要選擇幫忙別人，幫忙別人自己才能夠沒那麼「我愛執」，才能夠最終地從一個「我」中徹底地脫殼出來，才得到自在呀！所以最終會選擇這樣，最終會學習從利他中，我們體會到前所未有的歡樂。 3'02"

所以是幫忙別人錯了，還是幫忙別人的時候我不會調解自己？那我就學習調解自己、調整自己就好了，而不要放棄這正確的方向。譬如一個小孩上學他很有壓力，他每天很有壓力，他說：「那我不要上學了！」還是去調整這個壓力，跟老師談啊、跟父母談啊，或者怎麼樣去調解這個壓力？因為終歸得上學嘛！ 3'26"

不知道你們現在聽了怎麼想？每個家裡都有點為難的事吧！如果聽到此處的話，家裡的那個難事在進行著，但

是你一個生命裡的偉大的目標也在進行著，這就是什麼呢？這就是學習《菩提道次第廣論》、學習文殊的教法，而且有師父這樣這麼細密的解釋，完完全全要我們一次、再一次地針對內心。3'53"

其實我曾經跟師父不只一次地問過，我說：「師父，《廣論》的講解方式，師父為什麼是採用這樣的方式講？」師父說：「要講到大家能夠體會得到，不然用不上，沒感覺，大家會學嗎？會想學嗎？」那麼我們怎樣才能從沒感覺到有感覺、到產生強烈的希求心？就是真的要拿這樣的理路，來調整自己的內心。4'24"

所以學這一小段的時候，我希望大家收攝為：如果能夠對教法進行圓滿地認識，我們終究會確定生命的正確目標；確定了正確的目標，我們就走出非常正確的一步。4'41"

那我們說：現在還沒確定，或者現在正在確定的怎麼辦啊？那就正確地聞思下去。就是每天要來聽，要繼續地到這個時間，打開、聽、開始學習！這樣經年累月地學習

之後，我們對教法聞思的習氣就會養成。然後從一本《廣論》下去，我們就會想要翻很多很多教典，比如說你可能去看《華嚴經》啊、《法華經》啊、《楞嚴經》啊，很多經典、很多論。尤其是我們現在寺院的法師學五大論，以後大家會聽到很多很多論。很多很多的經論裡，都再再地會重複這個主題，那個時候我們就會建立一個思惟的習慣性。就像師父說的：現在沒力氣怎麼辦啊？沒關係嘛！開始走腳下的一步。5'30"

走腳下的一步就會慢慢變成有力嗎？會的！因為我們的腿——我們的思惟，經過強力地訓練之後，它會越來越清晰、越來越有力。為什麼呢？因為「心無自性，法爾如是」的道理。朝著什麼方向去就會有什麼，朝著什麼樣的力度去串習就會出現什麼，這就是「如是因結如是果」的道理。如果是苦因，就會結苦果，樂因就會結樂果。那麼大家想一想：現在你聽聞教典是個苦因，還是樂因呢？如果是樂因的話，那你就該很歡喜呀！那麼再想想平常生活的時候，就不要種苦因啊！6'13"

所以在整本的《廣論》，在師父字裡行間的講解中，

都再再地提醒我們要注視到當下的一步在種什麼？就是要看著那個陌生人，那個陌生人是誰呢？就是自己呀！要辨認出自己當下的腳，在朝著什麼樣的方向。怎麼樣去確定這個方向呢？每天聽《廣論》來確定啊！不停地透過教典的聞思，這樣來確定當下的一步對不對。6'42"

所以對我們的心來說，永遠都有朝向最完美方向的這樣一條路，希望大家好好走下去！無論你現在對你自己滿不滿意，你都可以找到一個當下的一步，扎實地踏上去，開步走！有困難解決困難，不要動輒談放棄、談逃走，因為那不是解決問題的辦法，因為業力不是用逃來解決的。比如說惡業要修懺悔的、善淨之業要去造作的，各有各的對治法。逃跑能逃到哪裡去呢？7'23"

所以非常非常地隨喜大家能夠一起學《廣論》，不管你在哪裡，都好好地加油！謝謝！7'31"

線上音檔掃描

# 講次 0033

# 有圓滿認識再念佛，才是萬修萬去

　　大家好！很開心又到了我們一起研討《廣論》的時光。非常希望大家在全廣共學之前，把師父的帶子自己先聽幾遍。因為這樣聽過之後，跟同學研討，你會在其中提出一些問題，也會聽到其他同學的觀點，這樣你對師父所闡述的這一段的意思，就會有一個了解，其中的疑問也非常清楚，甚至對這一小段思路到底是怎樣延展的，就會有一個思擇的方向。0'40"

　　有很多同學回饋說：「啊！先聽了之後，再聽全廣的時候，會發現有的時候思路的方向是不一樣的。」發現思路不一樣的時候，大家就會鎖定：欸！這個有什麼不同之處呢？你會發現，每一節課都會在你原來的研討和理解程

音檔　　　舊版 1B　22:26～23:20

手抄頁／行　舊版 1 冊　P28-L10～P29-L2（2015 年版）
　　　　　　舊版 1 冊　P28-L9～P29-L1（2016 年版）

度上，有一個更深入的思考。1'07"

　　非常希望大家把你思考的議題寫信給我，因為我都可以看到你們的回饋。有很多同學寫了很多回饋，我是非常非常感動的。這麼多年學習《廣論》，信仰已經深深地根植在很多同學的內心。發現大家對師父所宣講的《廣論》，有這樣始終如一的熱忱，在我們這個共學的大班，我也會滿懷熱情地一直研討下去。1'37"

　　好，今天還是要注意發心，要把我們的續流慢慢地靜下來，發心為求無上正等菩提，為了將無窮無盡的有情從生死的流轉中救拔出來，我必須去成佛；為了成佛，一定要種成佛的因；成佛的因，必須聽聞佛法才會了解。2'07"

　　聽聞的時候最重要的事，大家記住——要專注！因為通常都在忙別的事情，一下子把教典打開的時候，可能無法將你的續流專注，但是這個是可以訓練的。訓練到你從一個忙碌的頻道，一下子進到學習教典的頻道，頃刻間就可以全神貫注，其他的就拋開了，這是可以訓練的。訓練久了之後，我們只要一聽到師父說法的聲音，立刻就全神

貫注。2'42"

好，那麼現在我們再來聽一段。注意喔！注意！不要走神，開始！2'50"

那你會說，同樣是淨土，你這個淨土，跟我這個淨土有什麼不一樣啊？不一樣，差得很大。平常我們現在念佛的人，聽見了念佛，趕快！往往就說，我只要念得去就好了，弄個下品下生。結果你念了半天，下品下生都不一定去得了，這是個事實。現在這裡我們說，萬修萬人去，這個法門，對不對？對！淨土法門是萬修萬人去，可是現在，一萬個人修，有幾個人去啊？找不到幾個，這是個事實。那麼現在照這個法門做，有什麼好處呢？你有圓滿的認識了以後，第一個是萬修萬去；第二個，要去的目的也不一樣。我本來說，我只要去就行了，現在不是，我要成佛，不但要自己解決，而且幫助一切人解決。可是為了要達到這個目的起見，選我現在最相應的念佛的路子，這樣的情況，所以我要去！3'46"

很快就聽了一遍，不知道大家會不會有印象？第一個

問題，說：「同樣的是淨土，你這個淨土，跟我這個淨土有什麼不一樣啊？」「我這個淨土」是什麼意思啊？想一想有什麼答案。這就要回憶上節課師父講的，那你在手抄上就要看上一段，對不對？哪種淨土啊？不知道你們的答案是什麼？因為上節課學了「摩天大廈和匆匆忙忙地蓋一個鐵皮屋」這兩個喻。說我們一開始的時候，就應該對整體的教法有一個完整的認識，完整的認識之後，確定了目標，然後進一步選自己相應的，就是淨土。對教法有整體完整的認識，確定了什麼目標？成佛的目標，對吧？所以「我這個淨土」，師父是指這個。4'56"

然後接著說：「不一樣，差別很大！」一個沒有廣大聞思、沒有確定目標，另一個是確定了目標，進行了對佛法總體的認知。下面師父說：「平常我們現在念佛的人，聽見了念佛，趕快！往往就說，我只要念得去就好了。」注意！「趕快！」就是匆匆忙忙的心態。他說：「為什麼要趕快呀？來不及了！生命無常，剎那剎那地向老死奔逐啊！能夠知道阿彌陀佛萬德洪名，能夠對極樂世界生起這樣的嚮往和信心是件非常不容易的事情，趕快念！」所以就開始念。他生起個什麼樣的志向呢？「我只要去極樂世

界就好了，哪怕下品下生。」還有說：「哪怕在極樂世界的邊地都行，只要能去極樂世界，當然就逃開了生死輪迴了！」就立一個這樣的志向。5'57"

注意喔！他的志向是什麼？下品下生也行！對不對？甚至我們討論過，有的居士說：「邊地也好啊！」想要去下品下生，甚至邊地都可以，只要去了就好。注意！「結果念了半天，下品下生都不一定去得了。」我們懷著這樣的志向，可是我們卻沒有達到這樣的志向。師父接著說了一句話：「這是個事實。」6'25"

實際上這件事就會問一問：有多少人能在生死關頭提得起一句佛號？就像我們老學員學過的皈依那樣——「晝夜見世依」，就是白天、晚上、病中、苦中，或者難以忍受的疼痛，還有跟家人的愛別離苦等等很多很多痛苦交織在一起的時候，也沒有多少力氣，有的是受盡了病苦的折磨；那個時候提一句佛號、提一個皈依的心——對阿彌陀佛的信心。那個時候功夫能不能用得上？所以萬修萬人去的法門，師父說：「到底有多少人去呢？」這是一個現象。7'21"

接著師父說：「那麼現在照這個法門做，有什麼好處呢？」哪個法門呀？就上節課師父立出的宗——先對整體的教法有廣大的聞思。對吧？「有什麼好處呢？」看看師父又給我們看好處，說：「你有圓滿的認識了以後，第一個是萬修萬去。」欸！實現了，淨土法門萬修萬去。聽到此處大家會不會有疑惑：真的是有圓滿的認識就會萬修萬去嗎？為什麼呢？8'03"

這就涉及到對佛法的圓滿認識到底是什麼？比如說首先極樂世界到底是什麼？阿彌陀佛他有多少功德？我們對我們的皈依處，我們最後要去的極樂世界依正莊嚴的淨土，到底有一個什麼樣的了解？對阿彌陀佛的四十八願，乃至念死無常、三惡趣苦，然後皈依，全部都了解了？皈依的時候有皈依二因，兩種因如果堅固的話，那麼我們皈依所獲得的利益就會非常非常地殊勝和圓滿。所以師父在這裡說「萬修萬人去」，真的嗎？難道說有了圓滿的認識之後，第一個就萬修萬人去，後面還有不一樣的嗎？注意喔！這是大德高僧說的，他不是隨便講講的，我們可以帶著這個疑問，然後向下學。9'08"

　　在這裡邊我再提一點：學了經論十五年到二十年，對於所有成佛的次第、對經論大大小小的差異性，乃至很細微的抉擇都了然於心的這樣一個人，他念一句阿彌陀佛會不會是不一樣的？有了圓滿的認識之後，他是怎麼念的？首先要知道念的時候不要昏沉、散亂；再一個，知道什麼叫「發菩提心念佛」，跟阿彌陀佛的願心相應。因為阿彌陀佛建造極樂世界，不是為他自己建的，是為了芸芸眾生早日離苦、早日得樂而建的。如果能夠學經論，知道成佛的核心就是菩提心，那麼和阿彌陀佛相應的心一定是菩提心！雖然阿彌陀佛的淨土裡邊，不發這樣的大菩提心也可以去，但是阿彌陀佛的本願是這樣嗎？那麼佛陀的希願到底是什麼？善知識的希願到底是什麼？所以就談到了「目的性」。注意聽，不要走神喔！不要走神！10'20"

　　「第二個，要去的目的也不一樣。」注意！談到了目的。欸！去極樂世界還有其他的目的嗎？不就是早日脫離生死輪迴嗎？目的也不一樣！說：「我本來是說，我只要去就行了！」對不對？只要去極樂世界就能逃脫生死輪迴，因為生死輪迴所受的六苦、八苦、三苦，實在是苦不堪言！所以去極樂世界就好了。注意喔！師父又說了：

「現在不是，我要成佛。」注意！目的出現了。開始沒有廣大聞思的時候，目的是我只要去就好了，後來有了圓滿的認識之後，他產生了轉變——為什麼要去極樂世界呢？因為要成佛。為什麼要成佛呢？「不但自己要解決，而且幫助一切人解決。」這就是阿彌陀佛的一片慈悲之心啊！對芸芸眾生深刻的、慈悲的情懷呀！是為了學習佛陀對眾生的大悲心和智慧，為了成佛去極樂世界的。看看喔！他有了這樣一個轉變。所以「不但自己要解決，而且幫助一切人解決。可是為了達到這個目的起見，選我現在最相應的念佛，這樣的情況」，師父說：「所以我要去！」去哪裡？去極樂世界。11'55"

所以看看這個前後的差別是非常非常明顯的，一個是只要去了就好；後來是變成：「NO！我要為了成佛而去，不僅僅是要自己去，而且要幫所有的人去。」所以廣大聞思，打開了他生命的視野，讓他站在一個非常高的角度上，意識到自己生命的價值、對其他眾生的責任感。看到了這一點之後，對阿彌陀佛建造的極樂世界會有更深刻的了解，然後會對阿彌陀佛的悲智有難以想像的信心。生起那難以想像的信心，那我們一句「南無阿彌陀佛」，跟

往常那種又昏沉、又散亂，拿個念珠拚命撥，都不知道念到哪裡去了，只是「颼、颼、颼！」這樣拚命念，心裡不知道在想什麼，跟那個當然是不能比的！12'50"

# 講次 0034

## 聞思教典、發心於上，才能取法於中

想一想，師父為我們講《菩提道次第廣論》，今年（2018年）滿三十年了。多年前，應該很多很多居士、很多很多出家人都念佛，我也念佛。那個時候拚命念佛，比如說可不可以晝夜十萬？就是一天一夜念十萬佛號，能不能做到？然後就開始拚命拚命念。那時候碰到很多很多居士也都是在拚命念佛，大家是非常非常精進的，對阿彌陀佛有難以想像的信心。所以當剛開始學《廣論》的時候，很多居士都非常在乎師父提到淨土法門、師父是教我們怎麼念佛的。甚至我們在研討班裡討論討論，有的居士就站起來說：「欸？師父好像不贊同我們念佛！」然後我說：「師父是非常非常贊同念佛的，師父沒有說你不能念佛，師父只是說怎樣去圓滿我們往生極樂世界的願望，而

音檔　　舊版 1B　23:20～24:47
手抄頁／行　舊版 1 冊　P29-L3～P29-LL3（2015 年版）
　　　　　舊版 1 冊　P29-L2～P29-LL3（2016 年版）

且是最高程度的圓滿，是立一個什麼樣的志向；一個萬修萬去的法門，是怎樣真正能夠做到萬修萬去。」1'21"

後來我在跟師父學習的時候，也有認真地請問過這個問題。然後師父他說：內心深處也確實是想，講《菩提道次第廣論》能夠幫到各宗各派的修行人。大家如果選擇他相應的法門，一定要對整體的教法有全面的認識，這樣的話就會真正地做到一門深入。1'46"

現在要調整自己的心！現在我們要開始聽了。別忘了大乘發心！聽的時候注意要全神貫注。全神貫注呢，有一個譬喻：在曠野裡邊有一個小動物牠在奔跑，或者在走路，突然天空一個霹靂，「喀！」一個霹靂，那個小動物就立刻停下來──「猶如野獸乍聞聲」，那就是一個聽聞的狀態。能想像嗎？就是那樣的一個狀態，其實心裡是沒有雜念的，是全部在聽。2'32"

好！我們再聽一下師父的帶子。2'37"

　　所以你剛開始去的時候，你要求的就是上品上生，

乃至於有一個人就求無上乘，說我要去現在去念的是要求什麼？要求這個寂光淨土的上品上生，上品上生還分四土九品的。那個時候，當然，我們現在的條件，不一定真的能夠達到「寂光」的上品上生，乃至於「同居」的上品上生都得不到。那沒有關係，你可以得到上品中生，上品下生，至少你可以很穩。還有一點，因為你的願心這樣的，將來一去，見到了佛，你所追求的圓滿的東西，很快，這條直路。這是我們要了解的。3'20"

所以在這個本論我一開頭說明，我並不說建議大家要學哪一個宗派，或者哪一個法門，完全不是！這個宗派法門，這是你們自己選你們個人自己相應的。而是一開頭的時候，我們要了解佛法的整個圓滿的內容是什麼，你有了正確的了解了以後，然後把你的目標一開始的時候，規劃出來。從這一個認識當中，選取找到你自己相應的路，然後你走上去的話，千穩百當，而且是最省事、最快速、最圓滿；念佛照樣地念，參禪照樣地參。4'07"

不知道這一段大家在研討的時候是怎麼研討的？首先

師父在這裡邊提出：已經改了，不是說只要念得去就好；原來是趕快，只要念得去就好了，下品下生也行。但是如果是想要去下品下生的話，結果就是下品下生也去不成。這裡邊不是喔，是要上品上生的，而且求無上乘。我要去念要求什麼？「要求寂光淨土的上品上生」，所以是非常高的目標！以這樣的目標、以這樣的志向去希求的話，不一定能夠得到寂光淨土的上品上生，但至少中品也可以呀，乃至同居土的上品上生也行！但是如果連同居土的上品上生都得不到，也沒關係呀，因為可以上品中生、下生啊！至少，注意！「至少可以很穩」，就是一定去得了。淨土宗的大德也非常強調這一點，說：「你不能發心下品下生，那一定去不了。」所以發心於上，然後取法於中，才能夠去得了。5'30"

　　那麼，為什麼人敢發這樣的心呢？他一定是了解了這些發心的勝利，對教典進行了聞思，他會反覆地琢磨這一件事情，然後請問善知識啊、跟別人探討啊，所以才能夠發這樣的一個心。發這樣的一個心之後，至少可以很穩。還有一點，師父說，因為我們的願心是將來去見佛，我們所追求的是最圓滿的佛果，所以去極樂世界幹什麼？不是

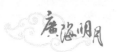

去天天散步啊、看花呀，不是這樣的，是「鳥樹虛空明」，都在說法、都在修行呀！沒有一處的緣起不在提醒我們修行，跟著佛陀好好地修行啊，走無上菩提之路。如果你為了學習、為了成就佛果，到處見聞念知都在提醒我們要提正念啊、要怎麼修行啊，那你就快樂極了，對不對？因為還是那個續流嘛！所以師父希望我們了解這一點。大家聽了會不會很開心啊？6'38"

另外，下面師父又說了，在本論的一開頭就提出：「我們要了解佛法的整個圓滿的內容是什麼，你有了這個正確的了解之後，然後把目標一開始的時候，規劃出來。從這樣一個認識當中，選取找到我們自己相應的路，然後走上去的話」，師父接著說了幾句——「千穩百當」，一個；注意！「而且最省事」，兩句了；「最快速」，三句；「最圓滿」，幾句了？四句。「千穩百當、最省事、最快速、最圓滿！念佛照樣地念，參禪照樣地修。」其實這幾個都是我們修行人最最渴望的一件事情。「千穩百當」，我們是心慌沒把握；然後「最省事」，幹什麼事情都想省事、得到一個最好的。那居然對佛法整個地了解了之後，「咦！怎麼變成了一件省事兒的事情？」學那麼多

經典還省事嗎？學經典不是很費力氣嗎？很省事！然後選取、找到你自己相應的路走上去，是省事、快速、圓滿！8'01"

我記得以前在廣論班的時候，有一個同學一開始學習非常非常認真，但是她覺得聽不懂，學什麼都比大家慢。結果跟在班裡兩年、三年，還是一年，我記不清楚了。有一次寺院開法會，然後她去念佛，她非常非常喜歡念佛。念完佛之後，就開始跟別人講說：「哎！《廣論》裡怎麼講，怎麼樣對阿彌陀佛生起信心，有什麼功德……。」這一講出來，開始圍了一群人，後來越圍越多，大家都在旁邊聽。她就是一口氣講了兩三個小時沒停下來！等到講完了，她非常非常驚訝，所有的人說：「哇，你學得太好了，你怎麼講得這麼好！」8'45"

結果那天回來之後，她就給我講這件事，哇，精神大振，眼睛炯炯有神！她在我們廣論班學習，從來沒有那麼有自信過，從此她就更精進地學《廣論》了。所以，她學了一段時間突然發現：哇！她可以跟別的同學談修行，談三個小時停不下來，這以前怎麼可能！都是別人滔滔不絕

地說，她在旁邊聽，聽還聽不懂，還問：「這是怎麼回事啊？那是怎麼回事呀？」別人說：「啊，等等、等等！讓我們講完，往下學。」結果那麼大的進步。她現在也非常努力地在學《廣論》，非常非常地好！總之，聽得多了、見聞多了之後，對各種見解也了解得多了，當別人講的時候也可以學習，當別人聽你講的時候也可以講一講，也比較跟其他的同學有得互相探討。非常非常地好！9'35"

記住，剛才這幾個了？「千穩百當」，一起說：「最省事、最快速、最圓滿」，這都是我們非常非常期待的事情。那這樣的一種結果——「千穩百當、最快速、最圓滿、最省事」，其實最省事這件非常奪目，我們現代人都怕忙、怕煩，越省事越好，因為很多事實在太麻煩了。所以，問一下：「最省事」，這件事是怎麼達成的呢？開始「要了解佛法整個圓滿的內容」，注意！在內容前面有一個，「『圓滿』的內容是什麼」；接著下面，「有了正確的了解」，對這個圓滿內容一定要有正確的了解，確定目標，這樣是最省事的。10'29"

不知道聽到這裡，大家還是不是有疑問：「真的

嗎？」舉個簡單例子，我小的時候就經歷過這樣的一件事情，父母都不在家，結果呢？我小學的老師突然到了我們的城市來看我爸爸了。可是我怎麼辦呢？因為我平常就會看我爸爸媽媽做飯，所以那次我給我的老師準備了十六道菜！有一道菜就是冰淇淋上面放上櫻桃，冰淇淋是白的嘛，然後櫻桃是紅的，那道菜叫「雪山堆火」，我就是湊了十六道菜。其實那時候我也很小，為什麼會有十六道菜，就是看我爸媽炒過，尤其是過年的時候，不是家家戶戶都吃很多菜嗎？11'18"

當時我在做菜的時候，我們老師說：「哎呀，你還下廚房？我給你做還差不多！」我說：「老師這麼遠的地方來，而且好幾年沒見了，怎麼可能讓老師給我煮飯呢？老師您就坐在客廳，我去煮！」結果我真的煮了十六道菜。當時擺出來的時候，老師非常非常地驚訝。11'37"

注意喔！我不是在這兒自我吹噓，我是說如果你不先看看怎麼炒的，什麼菜和什麼菜配、多少醬油、什麼時候從鍋裡拿出來，甚至裝盤子也不能裝得亂七八糟，要裝得整潔一點，因為要供養給自己的老師嘛！那天我沒有捧碎

盤子、也沒有摔碎碗、也沒把醬油倒在身上、也沒有弄著火。總之，我覺得那都取決於我一天天看、一天天看，輪到自己的時候，就可以弄出來。不然我們老師來，我就只能煮方便麵，什麼都不會了！方便麵可能還不會煮，倒開水的時候都有可能燙到自己。12'16"

所以，對事情常常有一個全局的觀念去看的話，慢慢地輪到你自己下手的時候，你就不會是只煮個方便麵。甚至沒辦法了，我們老師還得說：「哎呀，同學你餓不餓呀，我給你煮個飯吧！」就變成那種了。12'32"

你說省不省力呢？要是之前沒看的話是不可能——因為不是花很多時間煮的，一道煮完再煮一道、再煮一道，好像很快地就煮完了。現在我想想，那時候是不是佛菩薩加持我了？12'48"

# 廣海明月

——道次第廣論講記淺析

第一卷

隨師引領，
對全圓道體
再再串習

# 講次 0035

# 以為一門深入，卻在原地踏步

　　大家好！我們要開始進入下一節了。我希望你們可以把疑問或者感受寫給我，我都會看到。看到大家的體會，我也是滿開心的。有一些同學學得非常地認真、非常地感動，而且感受到師父懷著那樣一顆慈悲、智慧的心，每一個字、每一個字地教導我們。其實可以想想，也可以不用給我們講這些呀！為什麼一開始費了這麼多的篇幅，一直要給我們講什麼是一條遠路啊、什麼是一條近路啊，拿了這麼多譬喻在一開始引導著我們？0'45"

　　在拜讀師父日記的時候，發現師父在每一篇、每一篇都會頂禮佛菩薩，都會好好地對今天自己所有的行為進行懺悔、隨喜；可以看到一天一步一個腳印，非常認真地那

音檔　　舊版 1B　24:47～26:34

手抄頁／行　舊版 1 冊　P29-LL2～P30-LL4（2015 年版）
　　　　　　舊版 1 冊　P29-LL2～P30-LL2（2016 年版）

樣修行過的深深足跡。比起他所講的，其實他在日記裡邊寫得更深、更深！他修行的那個功力、他對自我的那種要求，每次看了都會非常非常地感動。能夠值遇這樣的一位善知識，能夠得到他的攝受，乃至生生世世的攝受，實在是一件非常稀有的事情！1'33"

雖然現在我們《廣論》書隨處就可以請到，可以想像三十年前在各大流通處，就算我們看到《菩提道次第廣論》了，我們會有感覺、會有一種想法想要去請來讀嗎？甚至有的人書櫃上也有《廣論》，但是可能塵封二十年都不會去翻一翻。翻開來第一頁能看多久，就會停下來呢？也沒有一個願心、一個耐心把它讀完。2'04"

我也去過很多寺院，有的時候一進寺院，在門口就會聽到師父帶子的聲音。欸，都不知道是誰在聽啊！還有那時候《菩提道次第廣論》常常在流通處都請沒了！所以師父是非常非常不容易地打開我們的視野，讓我們從一個全圓的成佛次第來審視自己的修行。師父一直在幫我們、一直在幫我們，為我們開正知見眼。最重要的是開正知見眼，然後才會有清淨的行。2'42"

好！我們再往下聽一段。注意！注意自己的發心！聽的時候不要閃神，因為聽完了馬上就跟著我的問題，一旦走神了之後就不知道這是什麼。好，現在開始！3'02"

所以這個後面，他會告訴我們的：是，我們修行一定是一門深入。這個根本的道理在這裡。除了這個以外還有一個，假如你真的一門深入，找到了門還好，不幸的我們往往是什麼？在門外空轉。我們中國有一句話叫「閉門造車」，現在不是，門都沒摸到，門都沒摸到，乃至於什麼？在原地踏步，我們自己覺得在修學佛法。就像剛才說，我們覺得修學佛法，實際上，在修學的是個「我」，弄到後來，「我」是越弄越大。3'40"

現在在這個地方，我們不妨仔細檢查一下看看。平常我們最流行的，也可以說最適應我們現在時代的，就是淨土。這個印光大師，是淨土的大德，他特別說明，有很多人，弄了個半天，是念佛也好、什麼也好，越念是煩惱越重。對不起，弄錯了！你說怎麼會呢？就是剛才這個道理——我覺得對了，實際上呢，沒有真的對。所以前天說的，未會先會，千萬不要！我們修了個半

天，不是修的佛法，是修的「我」，把那個我是越弄越大，那個冤枉苦頭吃得太多、太多！不過這個詳細的內容在下面。所以我談到宗喀巴大師，當年修行的狀態，他所以有這麼高的成就，所以能夠幫這麼多人的忙，乃至於把整個的教法這樣地振興，到今天我們還有這個受用的原因，就指出這一條路來。這個也就是我所以選取本論，在這個地方跟大家共同研習的原因。4'52"

如果在班裡的話，可能我會要求把這一段聽兩遍，因為聽一遍，我擔心會不了解什麼、記不住什麼。在這邊第一小段，大家都有手抄，可以看一下。「修行一定是一門深入」，注意！在這一段裡，「門」字出現了，門！修行應該一門深入。說：「根本的道理在這裡。」對不對？在哪裡呀？是不是全面地了解了佛法之後，千穩百當地走上相應的路？說：「除了這個以外還有一個，假如你真的一門深入，找到了門還好」，不幸的是沒有找到門。5'44"

前面講的一門深入那個「門」，注意！是對廣大的、圓滿的教法有了全圓正確的認識之後，選取了什麼？一個法門一門深入，對不對？但是從另一個角度來說，廣大的

聞思也是一種門徑，對不對？這也是一個門。你能找到門還好，最可怕的是在門外空轉，以為是入門了、已經在裡邊學了。說：「門都沒摸到！」門都沒摸到，向前走也行啊！沒有！向門的地方走也行啊！沒有，「在原地踏步」！原地踏步是什麼意思啊？是走了很久很久之後還在原地，對不對？6'28"

　　注意！問大家一個問題：這是不是一種迷路狀態啊？迷路，迷路了！因為我想從此山到另一座山，或者我要爬過那座山回家。我們到了某一個原始森林、到了一個什麼地方，可是一旦你迷路之後，你覺得走了好遠，然後突然發現：欸！怎麼又到這棵樹了？走了三回，又到同一棵樹了。這叫原地踏步對不對？你走了很遠很遠，發現又到原地了！6'59"

　　注意喔！原地踏步這件事，原地踏步的人會不會知道自己原地踏步？有可能知道，還是不知道？不一定。如果知道原地踏步，會不會就不再原地踏步？回答！還說不一定對不對？那請你們說出不一定的理由。知道原地踏步的人，他就會想辦法突破——不原地踏步，對不對？那不知

道原地踏步的人呢？自己一直在原地踏步，以為已經爬過了一座山、又一道嶺，「哎呀！我已經走了很遠很遠的路了！」但是明白的人一看，就發現你還在那棵樹那兒轉來轉去，已經進入到一種模糊狀態。所以如果不知道自己原地踏步，一定是迷路了，對自己修行到什麼程度、該有什麼覺受、該有什麼知見都不了解。7'59"

# 講次 0036

## 原地踏步的行相──「我」越來越大

「自己覺得在修行佛法，實際上，我們修學的是
『我』，到最後『我』越來越大。」注意，原地踏步的行
相出現了！什麼行相呢？就是「我」越來越大。師父希望
我們能夠仔細檢查一下：不管是學什麼、做什麼也好，它
的相狀，注意喔！「越念煩惱越重。」這個其實我平常也
聽到很多居士說：「哎呀，我修學這麼多年了！在這裡承
擔、那裡承擔，不承擔還好，一承擔，哎呀，全是煩惱！
好像我修行，煩惱越來越重了。」如果這個人發現煩惱越
來越重了，那接下來要怎麼做啊？他有沒有在觀察自己？
有吧！有觀察自己才發現煩惱很重。這個有兩種狀況：有
一種可能是真的比原來瞋心大；還有一種狀態是，欸，覺
照的陽光照進來了！根據這個覺照的陽光，他看到屋子裡

音檔　　舊版 1B　24:47～26:34
手抄頁／行　舊版 1 冊　P29-LL2～P30-LL4（2015 年版）
　　　　　舊版 1 冊　P29-LL2～P30-LL2（2016 年版）

有很多灰塵，看到了煩惱的塵埃。這說明他對自我身心覺照的清晰度有強烈地增加，所以這個時候他說：「煩惱越來越重」是個好事情，因為他看到了！1'28"

但師父此處絕對指的不是這個，是真的煩惱越來越重。因為什麼？「弄錯了！」本來是向彼地走，如果向此地走，那一定是距離越來越遙遠。他為什麼會弄錯了呢？注意看！「就是剛才那個道理」，哪個道理呢？「我覺得對了」。注意！他是自己教自己修行、自己看自己在哪裡，都是「我」。我給自己引路、我自己……全部都是「我」！「實際上，沒有真的對。」注意！「實際上，沒有真的對」這句話什麼意思？誰說的「實際上，沒有真的對」？是那個「我」說的嗎？不是。這一定是出現了什麼？另一個參照的觀察點。我覺得我對了，可是在旁邊的人看起來，「你沒有、你搞錯了！」而且犯這個錯誤是「未會先會」，師父說：「千萬不要哇！我們修了個半天，不是修的佛法，是修的『我』，把這個我是越弄越大，結果吃得冤枉苦頭太多、太多了！」2'45"

為什麼這個人不知道「我」越弄越大呀？為什麼弄成

這樣？是不是沒有明白的人告訴他？還是他不相信明白的人告訴他？另外也沒有道友吧！道友也會告訴他：「你最近這個好像不太對喔！一張口好像很多見解不太清淨，另外這種習染不太好吧！」同行善友也會提醒，善知識就更會提醒。看起來，師父講的這個人是不是一個很孤單的修行者？也許沒有善知識攝受，也沒有同行善友的提醒，所以把「我」越弄越大。自己知不知道？不知道！3'30"

師父在這個地方，列舉了非常用功修行，又自己覺得很好、很努力的這樣一個修行者很可悲的現狀——就是他在原地踏步！他用了那麼多心血，可是並沒有進步，而且還把「我」弄得越來越大了。「冤枉苦頭」，冤枉啊！師父為他叫屈呀，冤枉！「苦頭吃得太多太多！」師父是非常不忍這樣的修行。看到花了那麼大的心血，結果弄成這樣，師父是非常非常地惋惜、非常非常地心疼我們！應該是這個原因，才發心為我們講《廣論》的吧！應該是看到很多很多修行者拚命地修行，結果在原地踏步，甚至門在哪也不知道，拚命地折騰，對於這種現狀師父應該是流了很多眼淚吧！4'34"

　　所以師父說：「談到宗喀巴大師，當年他修行有這麼高的成就，能夠幫這麼多人的忙，乃至把整個的教法全部這樣振興起來，到現在我們還有受用，就是指出這樣一條路。」師父說：「這個也就是我所以選取本論，在這個地方跟大家共同研習的原因啊！」就像宗大師造論之前的那個原因，對不對？「觀視佛語多片眼」，下面什麼？「復乏理辯教義力，故離智者歡喜道」，離開了智者所歡喜的道，我們自己在那兒想一齣就是一齣，在那兒修行，費了那麼多的辛苦。所以師父不忍這樣的修行者，在這樣一個苦境裡煎熬卻不自知、又找不到出路。所以為了這樣的一個原因，師父才找到了《菩提道次第廣論》——一步一步地引導、次第明晰、目標精確這樣的一本論，而且一行一行地講給我們。所以這是一個很深的恩德呀！5'51"

　　像這樣的修行狀況，看到了之後也可以不用管啊！因為師父自己碰到了《廣論》，自己在正確的道次第中，自己有善知識追隨就可以了。費了這麼大的心血給我們講《廣論》，一開始還沒人喜歡聽！想想：要怎樣的不忍，才能夠把大家不喜歡卻真正需要的東西，講到你能夠喜歡聽、能夠生起善法欲，而且經年累月地聽。師父發了一個

多麼清淨的幫助我們的心，多麼皎潔的一個發心！6'32"

　　總結一句話是什麼呢？所有在原地踏步的、找不到門的，怎麼樣？跟師父一起學《廣論》呀！聽著就可以找到門了，就不原地踏步了！因為師父就是為了解決我們這樣的苦狀，悲憫我們這樣的現行，來跟我們一起學習的。所以這是一件多麼可喜的事情，大家一定要萬分地珍惜！7'00"

線上音檔掃描

# 講次 0037

# 不忍弟子吃苦，師父改變說法方式

　　大家好！現在我們要開始學習《廣論》了，請大家要端正一下自己的發心，再再地觀察一下自己的內心：有沒有準備好開始聽聞？那些手邊忙著的事情、那些放不下的牽掛，可不可以在此刻轉為希望能夠成就無上正等菩提？這樣的話可以幫忙自己，也可以幫忙到所有我們關心的、我們不認識的有情。0'42"

　　其實這就是師父在整個《廣論》的講說中，還有其他的教典裡，反覆教誡我們的生命目標的確定性，對無限生命的長遠規畫。這樣的規畫，我們是否能從內心深處產生熱忱，和自己的苦樂掛鉤？因為要圓滿所求的樂，和究竟地離苦，你不成佛也達不成。1'13"

音檔　　舊版 1B　26:34～27:52
手抄頁／行　舊版 1 冊　P30-LL3～P31-LL1（2015 年版）
　　　　　　舊版 1 冊　P30-LL1～P31-LL1（2016 年版）

　　越學越多的時候，我們就會詳細地去了解，我所希望成就佛果的佛陀到底有什麼樣的功德？分分斷證。甚至菩薩到底有什麼樣的功德？乃至入道之初的皈依之門是怎樣的？乃至從我現在開始，聽聞軌理是怎樣的？在聽聞的時候發心是怎樣的？那麼在正聞的時候，我又如何觀照我的身心，避免進入昏沉和散亂都不自知？總是走神啊，或者會陷入到一個疑問，聽、聽、聽，突然出現一個疑問，然後就整節課都在想這個疑問，結果師父在講什麼沒聽清楚，然後我再跟大家一起研討也沒聽太清楚，整節課下來就是盤那個疑問。我建議不要這樣，你想到一個疑問先把它放著，然後往下聽！不然一節課就是那個疑問。2'11"

　　比如去跟師父學習的時候，我也是會問師父問題，但是呢，通常問一個問題之後，有時候會發現師父好像沒有回答我的問題，師父在講他想要講的。這個時候你總不能說：「啊，師父！我要問您的問題不是這個！」應該弟子都不會這樣做。所以你就要聽啊，就要聽！聽一聽發現：欸！師父是在一個更廣闊的角度上，講了他的一個視野、他的一個角度。能不能站到跟師父一樣的視野？很難！但是你慢慢地超越你原來的水平這種高度、地平線，慢慢、

慢慢站得高一點，然後再去看你剛才那個問題的時候，就會發現：欸，這個問題小很多了！不像一粒灰塵沾在鼻子上，覺得好大好大，但是實際上照鏡子一看，也只不過是一丁點大而已。3'10"

所以師父常常教給我們看待一個事情的角度和視野，當這個角度開始改變的時候，不同的東西就會出現，而我們常常是角度出了問題。比如說觀功和觀過，就會直接產生苦樂；比如說對現在我們在法人事業、各個研討班承擔的所有居士們，人在一起會不會有煩惱？會呀！這麼多原來都不認識，來自不同家庭、不同背景的人在一起，會有煩惱的，吵吵的、是是非非的這些。但是在這些所謂的事相上大家不一樣的看法、這些諍論之中，大家的發心是為什麼？注意！就是為那個目標——希求佛果。3'56"

在諍論的過程中，是以法繩人、要求別人如法呢？還是要消滅我愛執？是把「我」越吵越大，還是注意在這個整體的大環境中，用一個謙虛的心去和其他居士互動？你要不謙虛，就變成我越來越大，要不好好調心的話就會很麻煩，對不對？因為到處都是問題、到處都是問題。然後

你會發現說：很多為難的事情我都知道啊！這樣就很辛苦。4'28"

但是你想想，知道很多為難的事情之後，在這個事情上的法——向內調伏的法，知不知道？受了很多委屈、很多辛酸、很多苦楚自己知道，但是這些委屈、辛酸和苦楚上面所揭示的法，就是那個業呀，業！我們會覺得：表相上看起來，啊！都是因為你不理解我、因為你那樣說我才傷心。但是為什麼我遇到這樣的事情會傷心，而沒有高興呢？高興什麼？淨化業障呀！正因為我解決不了現在的問題，遇到問題就卡住，所以我才馬上就翻《廣論》、馬上就緣師父的法，才能在各種煩惱的境界中挺立到現在。5'13"

有沒有煩惱？有啊！一天一浪一浪地都不停。那為什麼能在這過程中一直堅持修行？就是師父說的——歷事練心！練什麼呀？練我們皈依的心、緣法的心、提正念的心。所以你恰恰會發現，就是這些煩煩惱惱的事情，就是這些好像是是非非的人和事，卻讓我們不停地醒覺：我要提正念！我不能迷失其中，我不能被現象所迷惑，讓自己

的修行原地踏步。要看著師父的希望，為著師父，我必須超越煩惱的心情和下劣的見解，要再再地提起正知見。6'02"

好，我們現在聽一下！6'07"

同樣地，因為這樣的原因，所以我把那個講法本身，也完全改變、完全改變。以後原則上面都是遵循這一條道路，講到每個地方，總要使我們對它產生一個認識。然後這個認識當中，慢慢地去推展擴大，而不忽視整個的內容。等到我們有了這個認識以後，慢慢地到某一個程度，然後把整個的全貌安進去，使得我們對於整個佛法，有一個正確的認識。6'44"

所以我們這裡是簡單地說明一下，宗喀巴大師他當初是這樣的，他說他是先在教法上面，有了這樣的一個認識。所以當年，在他那一個時代，他在整個西藏，可以達到獨一無二的，最高的這樣的一個地步。先在教法上面，我舉一個典型的例子來說一下。他曾經講法，同一天講法講二十一部論，換句話說，我們在平常講法，

| 一座、一座，他講二十一座。7'22"

　　好，我們就先把 1B 的最後一段研討一下。師父說：「同樣地，因為這樣的原因，所以我把那個講法本身，也完全改變。」同樣的什麼原因啊？還記得上節課提到的嗎？原地踏步、修了半天都弄錯了、未會先會、冤枉苦頭吃得太多，因為這樣的原因，師父看到宗喀巴大師有這麼高的修行成就，指出一條路，把整個的教法都振興起來！而且到今天我們還能這樣受用！是因為這樣的原因，師父跟我們講《廣論》、研討《廣論》；同樣也是因為這樣的原因，師父把講法本身也改變了。可以說應該原來師父不是這樣講《廣論》的，翻開可能就開始：「《菩提道次第廣論》，『菩提』是什麼意思……」可能就這樣講。你看，師父在 1A、1B 已經花了這麼大的篇幅，都在講到底怎麼修行、怎麼選路。應該說在正式地學習本論之前，師父已經一直在告訴我們修行的經驗、入手處到底是怎麼做的，所以他把講法本身就改變了。8'40"

# 講次 0038

# 不停地從眼下一步，瞭望整體風光

師父說：「也完全改變、完全改變。以後原則上都遵循這一條路」，什麼路啊？「講到每個地方，總要使我們對它產生一個認識。」注意！這句話是什麼意思？什麼叫「講到每一個地方，總要讓我們對它產生一個認識」？什麼叫產生一個認識？是不是你有個判斷力，你有一個見解出現，對吧？這個見解要不要是正確的？比如研究每一段，剛才這一段提出的就是：師父為什麼要講《廣論》？師父為什麼要改變說法的方式？難道我們會認為師父不會那樣說法嗎？看師父的日記就知道，師父的日記裡完全是另一種，幾乎都是半古文的，非常地簡潔，因是什麼、果是什麼，破、立……，都是這種。一個多了的字都沒有，非常地簡潔、明了，又深刻，一段文字大概要讀好多遍，

音檔　　　舊版 1B　26:34～27:52

手抄頁／行　舊版 1 冊　P30-LL3～P31-LL1（2015 年版）

　　　　　舊版 1 冊　P30-LL1～P31-LL1（2016 年版）

就是這樣慢慢地去看；完全不是這樣像散文式的，像一條河一樣鋪在我們面前，不是這種方式的！所以他改變的方式是什麼？那麼因為這樣的原因改變的話，改變到哪裡去了呢？就是「講到每個地方，總要使我們對它有個認識。」1'27"

那我現在問大家：在上研討班的時候，每上一節課，大家都對自己上的課有一個清晰的認識嗎？還是有的同學在班裡吵啊、吵啊、吵啊？到最後結論是什麼都不知道，在心裡邊掛著很多很多問號，然後這節課問、下節課問、下節課再問，好像還是很不清晰。如果這樣的話，你們能夠吵個十年、二十年也是太精彩了。1'55"

但師父在此處說，要有一個清晰的，對它產生一個認識。比如：師父為什麼要講本論？他的發心，是看到了修行者的什麼現狀他選擇講《廣論》？為什麼改變了說法的方式？看到了修行者的什麼現狀，希望大家能夠吸收，能夠改變、能夠馬上產生一個認識──講到每個地方都產生一個認識。就是對症下藥地──欸，你有什麼痛苦？你現在修行遇到什麼問題？然後師父就講這樣一段。2'25"

　　所以它不是無的放矢的，好像師父就開始自己講了，不是這樣的！每一個、每一個都針對他所了解過的居士們、法師們修行的難點，或者出現的問題，來講《菩提道次第廣論》，回答這些問題，給我們找到出路，所以才「總要使我們對它產生一個認識」。不是越講越玄，進入到非常迷惑的那種狀態，而是非常清晰的，腳下的路越來越清晰、眼中的問題和答案也越來越清晰。所以是不停地提出問題、解決問題，斷除疑惑的這樣一個過程。3'02"

　　當然你可能說，由於師父的問題，讓我們把問題更廣闊地探討開了，但總得有一個結論。比如說這個結論，再說一遍：為什麼要講《廣論》？為什麼用這樣的方式講《廣論》？師父講得非常地清楚，就是為了我們能夠受益。這樣的講法方式，其實師父是很辛苦的；如果按照注釋講是很容易的，你就照著那樣講就可以了。可是根據人心來講、根據大家遇到的難題來講，然後又要把本論所闡述的東西闡述明白。再換句話說，本論所有的立宗，也就是為了回答修行者心中的難題和疑問，為了把我們在原地踏步、不能前進的這種障礙清除掉，看到修行的坦途，師父才宣講《廣論》。3'51"

　　所以「講到每個地方」，注意喔！這句話我覺得是非常非常地動人。「講到每個地方」，也就是師父對自己講法的那個高度，說：「總要使我們對它產生一個認識。」每個地方喔！大家都學五大論了，知道每個地方你都要有一個清晰的認識是一件非常困難的事情！「然後在這個認識當中」，注意！還要「慢慢地去推展擴大」。不是得到一點就滿足了，而是沿著你所了解到的這點，慢慢推進你了知的疆域、了知的國土，去拓荒，去把那些不知道的全部消除掉！讓我們所知的疆域擴大。很遼闊吧！在認知的這個廣闊天地中，我們不是只看到一點點手指尖那麼大的位置，而是沿著這樣一個認知慢慢地去擴大，去體會到心靈深處對一個事物認知的遼闊、深遠的一個舒暢的感覺。5'00"

　　而且它是慢慢地推展、擴大，後面這句話：「而不忽視整個內容」。注意！這是點式的，而整個內容是什麼？全圓的。非常像那句話對不對？像一條念珠一樣，當你念到眼前這一顆念珠的時候，這顆念珠是非常非常清晰的，但是你提這一顆念珠的時候，你會把整串的念珠全部都提起來，它是一串的。所以師父是在每一個地方，讓我們對

每一處的法義了解得非常清晰的時候，又從全圓的一個角度，再度地認知此處在全圓的道次第中，它所佔的位置。所以你不停地會透過眼下我們經過的這個地方，看到全圓的。5'49"

舉個簡單的例子，萬里長城。萬里長城，不知道有多少人登過？你登萬里長城，到每個地方它都有一個望遠鏡，可以望到最後面那幾個垛口是什麼樣。後面的垛口有多難呢？就是你要看著前面的人的腳跟往上爬，是直的！看到這樣的後段路的時候，敢去爬的人就越來越少了。而且爬完之後最大的問題是：你怎麼下來呢？它是直的呀！但是我也去爬了，因為很想看後面是什麼。6'26"

所以到每一個地方的時候，不僅可以站在此處，看群山的顏色都在改變，然後你回頭看看長城蜿蜒地爬上來。所以爬到每一處的時候，都有一個看全圓的狀態。6'39"

那麼問大家一句：對全圓的道次第要怎麼看？都是在此處看全圓，對不對？是不是用我們的抉擇慧在看？從此地能不能真實地看到佛果？是看不到的！但是我們會用我

們的抉擇慧一遍一遍地去看。所以並不是學到眼前就局限在眼前，而是透過眼前清清楚楚的認識，再從全圓的道次第看一下眼前又是怎樣。這樣的話，我們對整體教法的圓滿認知，是不是透過每一節課都再去緣圓滿的？7'20"

有聽清楚嗎？不要睏喔！這麼重要的問題，千萬不能昏沉地聽喔！有的人一到重要問題就開始昏沉。7'30"

所以每一個到眼前的問題，它都讓你產生一個更遼遠的，對圓滿教法再度地認識、再度地認識。所以最後你學到每一點學多少遍，那圓滿的教法你就串多少遍。注意喔！這是師父教我們的方式喔！「而不忽視整個的內容。等到我們有了這個認識以後，慢慢到某一個程度，然後把整個的全貌安進去。」然後「使得我們對整個教法，有一個正確的認識。」實際上這個過程是重複地發生的。比如說走了兩里路了，「啊！那再看一下我們爬山的圖，再看一下全圓的圖。」不停地看著這個全貌、全程的圖。8'11"

不停地看這個佛法全貌的圖是為了什麼？你們的答案是什麼？一個是每一步都不要走錯。還有一個──「此處

風光甚好，我們是不是多留幾日不要走了？」後面還有更好的！因為我們這條路的最大魅力就是一山比一山更高，越走越快樂、越走越快樂，所以說呢，你常常看全圓的圖，你就不會迷戀此處的風光。8'38"

另外還有的路特別難走，像我說的，根本就是爬不上去。爬不上去，你不要認為你爬不上去，因為前面會有人領著爬。而且，沒有力量──前面的理路說過，沒有力量怎麼辦啊？師父說：「沒關係，一步一步來！」當下走一步、再走一步、再走一步，還是上得去的。所以不管對難的還是對容易的，當前的一步總要走上去，而且要一直去看佛法的全貌，全貌就是一定要走到一切遍智的果位。處處在提醒著，我們所學的一切都是為了成佛！9'17"

這個會不會很重要？還是我講得很高興，你們不知道在想什麼？這可不能打瞌睡喔！我費了這麼大力氣講，千萬要認真聽喔！9'28"

線上音檔掃描

# 講次 0039

# 莫忘成佛宗旨，歷事首重發心

　　師父怎麼樣去講這本《廣論》？他的方式在第一篇講得這麼清楚，師父就是一個把話說得清清楚楚的人。但是對我們來說，最可怕的就是不能清清楚楚地聽，聽完了糊成一團，然後還要拿來吵來吵去。很多同學聽了一個大概，然後趕快去跟同學吵，花很多時間去吵。其實你不如把師父帶子多聽幾遍、多聽幾遍。欸！一遍比一遍更清楚，聽清楚之後才去吵；不然一知半解，吵了半天之後發現自己沒聽明白。但可能這也是個過程。0'33"

　　所以在每走一步的時候，能夠對它有個清晰的見解，而且慢慢地去擴大自己所知的領域，而且不忽略、不忽視整體的內容；然後到了某種程度，把整個的全貌安進去，

音檔　　舊版 1B　26:34～27:52
手抄頁／行　舊版 1 冊　P30-LL3～P31-LL1（2015 年版）
　　　　　舊版 1 冊　P30-LL1～P31-LL1（2016 年版）

使得我們對於整個佛法有個正確的認識。0'56"

　　上一節的時候，有法師問：「什麼叫『對佛法整個圓滿的內容有了正確的認識』？」此處出現了嗎？當你捏到任何一顆念珠的時候，它是一百零八顆念珠中的一個，但都是提起全圓的——是全圓的法。那麼到底如何體會這句有點深奧的話？在學習每一個次第的時候，都要常常發心啊、都去想。所以大家這個道理是這樣聽了，要在聽聞中、在自己的修學中慢慢地去體會，不要停在眼前，一直要向前努力！1'35"

　　我不知道你們聽到此處，會不會有點欣喜和振奮呢？我自己是很欣喜和振奮的，因為每學一遍都有不一樣的感覺。所以想一想，師父在此處是這樣講的，其實他也是這樣修持的。就比如說非常平淡無奇的一件事情，師父就可以在其中開示出道次第。像開上座學長會，開會之前師父就念《般若經》，然後給大家講一段般若；像學長有問題要問、法師們有問題問，師父都先講般若。請問般若能不能解決「我們下半年的行程是什麼」？般若可不可以解決這樣的問題呢？你們敢說不能嗎？那你說能，是怎麼解決

的？2'27"

　　所以，為什麼是「法人」？為什麼要起這樣的名字——法人事業？這跟很多人一起成立的公司有什麼不同？為什麼這裡邊要念《般若經》、要學《廣論》，還要開研討班？經年累月地這樣喔！然後學《南山律》。學這一些是為什麼？2'48"

　　所以尤其是開會、議事，這樣慢慢地在商量事情的時候，一定要先提起什麼？正知、正念。先想想：我們這個會議，注意！我們對這個會議的認知，在全圓佛法的道次第中，是不是為了成佛來開這個會的？還是只是把問題分配清楚，「啊！你去做這個、他去做那個、他去做……」分配清楚了，會議就開完了？那麼我們在這個會議中，自己得到了什麼？積累了什麼資糧？發心又是怎樣？有沒有注意防護自己的律儀——菩薩戒呀、密乘戒呀，甚至皈依學處，有沒有注意在防護？3'30"

　　所以對於開會這件事來說，要非常非常注意開會的發心。我們「歷事練心」練的什麼心啊？首先是練發心。另

外在涉及到具體事項的時候，為什麼「我」越來越大？給我們一個事情，這件事情就執著地不得了，就是比天大、比地大、比什麼都大，眼睛裡就只有這個事情。然後當別人一碰這個事情的時候，啊！煩惱就出現了。煩惱出現怎麼辦啊？及時發覺，然後去調整。從朝向「我」越來越大的角度，把它轉向什麼？要克制這個「我」，要知道這習氣又出來了，然後去對治，要根據《廣論》去看。當你調伏一下「我」的時候，你就會有一種快樂的感覺，因為痛苦確實是「我」不停地增大導致的。4'20"

那麼當這個「我」在所有的事項中越來越小的時候，實際上和合也不是特別難做。只要你發心開始對治「我」，那麼別人跟你吵的時候，你就要注意：「小心！一會兒你就把我的『我』吵出來，很大！其實我的『我』和你的『我』也不相上下，我又不是不敢跟你吵，只不過是現在修行了，裝也得裝著向內調伏！」對不對？開始是裝，忍不住；嘴上不講，我可以在心裡忍；忍了之後，忍不過去在心裡嘀嘀咕咕、嘀嘀咕咕的，甚至很痛苦；慢慢地，心裡的不安也好了。4'57"

　　你看研討班裡每一節課學習，其實都是可以對你當天的煩惱進行清理，至少你在上課的時候，你不用緣那些煩惱了吧？專心地聽，聽了以後煩惱好像忘了，一下課，唉！又出來了。那你聽完了之後，煩惱的強度應該有變低一點吧？聽課的時候，聽、聽、聽，聽到一個理路可以原諒對方了。還有一個，想想說：「哎呀！這個佛法非常不容易，他能來學習，我還是忍一忍讓他好好學吧！」總之，哪怕生出芝麻那麼大的善心，其實有的時候也可以幫我們扛過很多事情。善心的力量非常地不可思議，小小的一點善心，你就可以撐很大很大的事情。5'40"

　　而這點點滴滴的善心，點點滴滴對他人的寬容，還有對正法的憶念，全部是師父教導我們的。感恩佛陀，感恩宗大師；感恩師父不辭辛苦地在三十年前，就開始在這個世界上為我們宣講《菩提道次第廣論》。而且是看到了我們修行的難處和苦楚，不忍這樣的事一直進行下去，所以他非常非常慈悲地為我們講說，陪著我們修行。而且用這樣的方式講，我們都會有感覺，每天都會有感覺；有感覺就不會覺得佛法高高在上、根本用不到。因為能解決我們現在的煩惱，還有很多痛苦，所以我們自然地就會嚮往

它、皈依它、願意學它、堅持學它、歡喜學它。所以大家一定要歡喜地堅持下去！6'39"

好！到現在就把 1B 講完了。下面宗大師的那一小段，準備到 2A 的時候再講。第一盤就花了這麼多功夫，不知道你們在想什麼？你們會不會想：喔！要把整本講完得花多少時間啊？也不一定都講得這麼細！因為一開始是對總體的修行方式和講說的一個介紹，所以學得細一點。如果你們覺得太細，可以變快一點，沒關係！還是看大家。7'10"

所以你們可以把你們的想法寫給我。讀到你們的信，有的時候是滿感動的，有的時候是熱淚盈眶。覺得有這樣的一些了不起的居士，在這個濁世間這麼認真地修行自己，對三寶懷著如此虔誠的心，有的時候我真的在想：啊！好好頂禮、好好頂禮呀！雖然說好像是我在帶著大家學，但實際上也是大家帶著我學，我們是互相地、一起跟師父學。7'41"

好，謝謝！7'44"

廣海明月

——道次第廣論講記淺析
第一卷

附錄

## 各講次與日常老和尚廣論開示之音檔、手抄稿段落對照表

| 講次 | 音檔長度 | 廣論音檔段落 | 舊版廣論手抄稿 2015 版頁／行數 | 舊版廣論手抄稿 2016 版頁／行數 |
|---|---|---|---|---|
| 0001 | 12'37" | 舊版1A 00：00 ～ 02：34 | 1冊 P3-L1 ～ P4-L2 | 1冊 P3-L1 ～ P3-LL1 |
| 0002 | 13'16" | 舊版1A 02：34 ～ 04：10 | 1冊 P4-L3 ～ P4-LL5 | 1冊 P4-L1 ～ P4-L9 |
| 0003 | 11'46" | 舊版1A 04：10 ～ 07：05 | 1冊 P4LL4 ～ P5-LL1 | 1冊 P4-LL7 ～ P5-LL3 |
| 0004 | 17'16" | 舊版1A 07：05 ～ 12：16 | 1冊 P6-L1 ～ P8-LL7 | 1冊 P5-LL2 ～ P8-L8 |
| 0005 | 14'01" | 舊版1A 12：16 ～ 13：26 | 1冊 P8-LL6 ～ P9-L1 | 1冊 P8-LL7 ～ P8-LL1 |
| 0006 | 14'38" | 舊版1A 13：26 ～ 15：41 | 1冊 P9-L2 ～ P9-LL4 | 1冊 P9-L1 ～ P9-LL6 |
| 0007 | 13'06" | 舊版1A 15：41 ～ 18：26 | 1冊 P9-LL3 ～ P10-LL2 | 1冊 P9-LL5 ～ P10-LL5 |
| 0008 | 07'36" | 舊版1A 18：26 ～ 22：42 | 1冊 P10-LL1 ～ P12-LL5 | 1冊 P10-LL4 ～ P12-L9 |
| 0009 | 09'58" | 舊版1A 22：42 ～ 25：49 | 1冊 P12-LL4 ～ P14-L1 | 1冊 P12-LL7 ～ P13-LL1 |
| 0010 | 14'03" | 舊版1A 25：49 ～ 27：23 | 1冊 P14-L2 ～ P14-LL4 | 1冊 P14-L1 ～ P14-LL6 |
| 0011 | 06'28" | 舊版1A 27：23 ～ 1B 00：50 | 1冊 P14-LL3 ～ P15-L4 | 1冊 P14-LL5 ～ P15-L3 |
| 0012 | 11'32" | 舊版1B 00：50 ～ 02：43 | 1冊 P17-L1 ～ P18-L2 | 1冊 P17-L1 ～ P18-L1 |
| 0013 | 14'29" | 舊版1B 02：43 ～ 05：11 | 1冊 P18-L3 ～ P19-L5 | 1冊 P18-L2 ～ P19-L5 |
| 0014 | 10'39" | 舊版1B 05：11 ～ 06：17 | 1冊 P19-L6 ～ P19-LL3 | 1冊 P19-L6 ～ P19-LL3 |
| 0015 | 12'16" | 舊版1B 05：11 ～ 06：17 | 1冊 P19-L6 ～ P19-LL3 | 1冊 P19-L6 ～ P19-LL3 |
| 0016 | 13'08" | 舊版1B 06：17 ～ 07：16 | 1冊 P19-LL2 ～ P20-L7 | 1冊 P19-LL2 ～ P20-L7 |
| 0017 | 08'40" | 舊版1B 07：16 ～ 08：32 | 1冊 P20-L8 ～ P21-L1 | 1冊 P20-L8 ～ P20-LL1 |
| 0018 | 08'26" | 舊版1B 07：16 ～ 08：32 | 1冊 P20-L8 ～ P21-L1 | 1冊 P20-L8 ～ P20-LL1 |
| 0019 | 15'32" | 舊版1B 08：32 ～ 09：31 | 1冊 P21-L2 ～ P21-L9 | 1冊 P21-L1 ～ P21-L8 |
| 0020 | 11'36" | 舊版1B 09：31 ～ 10：22 | 1冊 P21-LL6 ～ P22-L1 | 1冊 P21-L9 ～ P21-LL1 |

# 各講次與日常老和尚廣論開示之音檔、手抄稿段落對照表

| 講次 | 音檔長度 | 廣論音檔段落 | 舊版廣論手抄稿 2015 版<br>頁／行數 | 舊版廣論手抄稿 2016 版<br>頁／行數 |
|---|---|---|---|---|
| 0021 | 14'37" | 舊版1B 10：22 ～ 11：23 | 1冊 P22-L2 ～ P22-L9 | 1冊 P22-L1 ～ P22-L9 |
| 0022 | 15'23" | 舊版1B 11：23 ～ 14：38 | 1冊 P22-LL6 ～ P24-L3 | 1冊 P22-LL7 ～ P24-L3 |
| 0023 | 14'07" | 舊版1B 14：38 ～ 15：52 | 1冊 P24-L4 ～ P24-LL3 | 1冊 P24-L4 ～ P24-LL3 |
| 0024 | 08'02" | 舊版1B 14：38 ～ 15：52 | 1冊 P24-L4 ～ P24-LL3 | 1冊 P24-L4 ～ P24-LL3 |
| 0025 | 10'14" | 無 | 無 | 無 |
| 0026 | 15'07" | 舊版1B 15：52 ～ 17：30 | 1冊 P24-LL2 ～ P25-LL5 | 1冊 P24-LL2 ～ P25-LL6 |
| 0027 | 06'39" | 舊版1B 17：30 ～ 18：44 | 1冊 P25-LL4 ～ P26-L4 | 1冊 P25-LL5 ～ P26-L4 |
| 0028 | 11'12" | 舊版1B 18：44 ～ 19：37 | 1冊 P26-L5 ～ P26-LL5 | 1冊 P26-L5 ～ P26-LL5 |
| 0029 | 12'39" | 舊版1B 19：37 ～ 20：35 | 1冊 P26-LL4 ～ P27-L6 | 1冊 P26-LL4 ～ P27-L6 |
| 0030 | 10'29" | 舊版1B 20：35 ～ 21：31 | 1冊 P27-L7～ P28-L1 | 1冊 P27-L7 ～ P27-LL1 |
| 0031 | 10'09" | 舊版1B 21：31 ～ 22：26 | 1冊 P28-L2～ P28-L9 | 1冊 P28-L1～ P28-L8 |
| 0032 | 07'31" | 舊版1B 21：31 ～ 22：26 | 1冊 P28-L2～ P28-L9 | 1冊 P28-L1～ P28-L8 |
| 0033 | 12'50" | 舊版1B 22：26 ～ 23：20 | 1冊 P28-L10 ～ P29-L2 | 1冊 P28-L9 ～ P29-L1 |
| 0034 | 12'48" | 舊版1B 23：20 ～ 24：47 | 1冊 P29-L3 ～ P29-LL3 | 1冊 P29-L2 ～ P29-LL3 |
| 0035 | 07'59" | 舊版1B 24：47 ～ 26：34 | 1冊 P29-LL2 ～ P30-LL4 | 1冊 P29-LL2 ～ P30-LL2 |
| 0036 | 07'00" | 舊版1B 24：47 ～ 26：34 | 1冊 P29-LL2 ～ P30-LL4 | 1冊 P29-LL2 ～ P30-LL2 |
| 0037 | 08'40" | 舊版1B 26：34 ～ 27：52 | 1冊 P30-LL3 ～ P31-LL1 | 1冊 P30-LL1 ～ P31-LL1 |
| 0038 | 09'28" | 舊版1B 26：34 ～ 27：52 | 1冊 P30-LL3 ～ P31-LL1 | 1冊 P30-LL1 ～ P31-LL1 |
| 0039 | 07'44" | 舊版1B 26：34 ～ 27：52 | 1冊 P30-LL3 ～ P31-LL1 | 1冊 P30-LL1 ～ P31-LL1 |

國家圖書館出版品預行編目(CIP)資料

廣海明月：道次第廣論講記淺析. 第一卷 / 宗喀巴
大師造論；日常老和尚講述；真如淺析. -- 二版.
-- 臺北市：福智文化股份有限公司, 2021.08
　冊；　公分
ISBN 978-986-06682-1-6 (平裝)

1.藏傳佛教　2.注釋　3.佛教修持

226.962　　　　　　　　　　　　110013035

# 廣海明月──道次第廣論講記淺析　第一卷(增訂版)

| | | |
|---|---|---|
| 造　　　論 | 宗喀巴大師 | |
| 講　　　述 | 日常老和尚 | |
| 淺　　　析 | 真如 | |

文 字 整 理　大慈恩‧月光國際譯經院（釋如法、釋如密、釋如吉、釋性華）
　　　　　　　福智僧團法寶中心（釋性由、釋性蓮、釋性航、釋性竺）
　　　　　　　福智南海寺僧團法寶組（釋起演、釋起運、釋法虔、
　　　　　　　釋法載、釋法鍊、釋法入）

責 任 編 輯　廖育君、李家瑜
美 術 設 計　王瓊玉
排　　　版　華漢電腦排版有限公司
印　　　刷　科樂印刷事業股份有限公司

出 版 者　福智文化股份有限公司
地　　　址　105407 台北市松山區八德路三段212號9樓
電　　　話　(02)2577-0637
客服Email　serve@bwpublish.com
官 方 網 站　https://www.bwpublish.com
粉 絲 專 頁　https://www.facebook.com/BWpublish

總 經 銷　時報文化出版企業股份有限公司
地　　　址　333019 桃園市龜山區萬壽路二段351號
電　　　話　(02)2306-6600

出 版 日 期　2019年1月 初版一刷
　　　　　　　2023年11月 二版二刷
定　　　價　新台幣350元
I S B N　978-986-06682-1-6